智能交通与智能驾驶系列

智能交通大数据
——综合交通数据科学技术及应用

周慧娟　张尊栋　刘小明　吴文祥　陈　智　编著

机械工业出版社

本书结合作者多年的科研和教学经验，深入浅出地介绍了数据科学中常用的热门的回归分析、聚类分析、神经网络与深度学习的原理、模型；在介绍理论知识的同时，引用了大量的交通案例，以便展示如何将各类算法模型应用到交通实践中。本书分别以杭州地铁、北京地铁客流数据和共享单车骑行数据为例，从数据预处理、数据统计、数据模型、数据结果分析、数据可视化展示等方面，更加清晰地介绍了综合交通数据的具体处理和分析方法，展示了如何运用这些技术来分析杭州和北京地铁客流数据，以及如何利用共享单车数据进行集成学习和客流预测，从而增强综合交通数据科学理论知识的可解释性，以便读者进一步增强综合交通数据科学技术实战能力，理解所介绍的知识与方法。

本书主要面向交通运输工程、交通设备与控制工程、智能交通等交通数据分析人员及初学者，以及相关专业高年级本科生、研究生等。

图书在版编目（CIP）数据

智能交通大数据：综合交通数据科学技术及应用／周慧娟等编著. -- 北京：机械工业出版社，2024.8.
ISBN 978-7-111-76137-2

Ⅰ．U495

中国国家版本馆 CIP 数据核字第 2024XV9769 号

机械工业出版社（北京市百万庄大街 22 号　邮政编码 100037）
策划编辑：王　欢　　　　　　　　责任编辑：王　欢
责任校对：潘　蕊　薄萌钰　韩雪清　封面设计：严娅萍
责任印制：刘　媛
涿州市般润文化传播有限公司印刷
2024 年 8 月第 1 版第 1 次印刷
184mm×260mm ・11.25 印张・265 千字
标准书号：ISBN 978-7-111-76137-2
定价：69.00 元

电话服务　　　　　　　　网络服务
客服电话：010-88361066　　机　工　官　网：www.cmpbook.com
　　　　　010-88379833　　机　工　官　博：weibo.com/cmp1952
　　　　　010-68326294　　金　　书　　网：www.golden-book.com
封底无防伪标均为盗版　　机工教育服务网：www.cmpedu.com

前　言

2019年12月，为贯彻落实习近平总书记关于网络强国的重要论述和国家大数据战略部署，推进交通运输治理体系和治理能力现代化，提升综合交通运输服务水平，加快建设交通强国，交通运输部印发了《推进综合交通运输大数据发展行动纲要（2020—2025年）》。该纲要明确指出要推进综合交通运输大数据发展，推动大数据与综合交通运输深度融合，构建综合交通大数据中心体系和综合性大数据分析技术模型，有效支撑综合交通运输决策管理与服务。大数据技术作为一种全面、连续观察交通现象的手段，结合人工智能算法，能够为交通分析技术体系带来变革。

为了顺应"互联网+"与交通运输学科融合发展的趋势，应对新工科背景下智能交通大数据分析人才的缺口，解决交通大数据相关课程重理论轻实践以及学生数据分析能力薄弱的问题，作者团队结合多年的科研和教学经验，采用案例化教学方式，以行业实际数据和案例为支撑，深入浅出地介绍了数据科学中常用的热门的回归分析、聚类分析、神经网络与深度学习的原理、模型。为进一步增强学生综合交通数据科学技术的实战能力，本书分别以杭州地铁、北京地铁客流数据和共享单车骑行数据为例，从数据预处理、数据统计、数据模型、数据结果分析、数据可视化展示等方面，更加清晰地介绍了综合交通数据的具体处理和分析方法，展示了如何运用这些技术来分析杭州和北京地铁客流数据，以及如何利用共享单车数据进行集成学习和客流预测，从而增强综合交通数据科学理论知识的可解释性。

全书共7章，第1章由周慧娟、张尊栋编写，第2章由周慧娟、吴文祥编写，第3章由张尊栋、周慧娟编写，第4章由张尊栋、刘小明编写，第5章由周慧娟、刘小明编写，第6章由张尊栋、吴文祥编写，第7章由张尊栋、陈智编写。研究生王瑞、乔曜芩、王若愚、张巍、冯丽、刘雨珂、刘璐菲等参加了本书的资料整理、代码实现与测试等工作。全书由周慧娟统稿。

由于数据科学理论与技术在国内外仍处于持续发展阶段，在交通运输领域的应用时间也不长，又限于作者水平，本书难免存在对已有技术讨论覆盖不全、模型算法更新不及时等问题和不当之处，恳请广大读者不吝批评指正。

本书的出版得到了北方工业大学2023年教材出版专项资助。

目 录

前言

第1章 绪论 // 1
1.1 数据科学的发展历程与应用现状 // 1
1.2 综合交通领域研究方向及应用需求 // 2
1.3 综合交通数据科学技术 // 3
 1.3.1 概述 // 3
 1.3.2 内容 // 3
 1.3.3 应用 // 4
1.4 本书简介 // 4

第2章 回归分析的原理、模型与实现 // 6
2.1 回归分析简介 // 6
2.2 简单线性回归 // 7
 2.2.1 案例引入 // 7
 2.2.2 基本概念 // 7
 2.2.3 模型描述 // 8
 2.2.4 参数估计 // 9
 2.2.5 欠拟合与过拟合 // 13
 2.2.6 多元线性回归 // 16
2.3 逻辑回归 // 20
 2.3.1 案例引入 // 20
 2.3.2 基本概念 // 21
 2.3.3 模型描述 // 21
 2.3.4 参数估计 // 23
2.4 非线性回归 // 27
 2.4.1 多项式回归 // 27
 2.4.2 幂函数回归 // 29
 2.4.3 常见非线性回归模型 // 30

2.5 正则化回归方法 // 31
    2.5.1 L2 正则化：岭回归 // 32
    2.5.2 L1 正则化：LASSO 回归 // 32

2.6 本章小结 // 34

第 3 章 聚类分析的原理、模型与实现 // 35

3.1 聚类概述 // 35
    3.1.1 什么是聚类 // 35
    3.1.2 聚类的要求 // 35
    3.1.3 聚类的计算方法 // 36
    3.1.4 聚类的应用 // 38
    3.1.5 聚类效果评价指标 // 38

3.2 k-means 聚类 // 40
    3.2.1 k-means 聚类原理 // 41
    3.2.2 k-means 聚类优缺点 // 42
    3.2.3 k-means 聚类调优和改进算法 // 43

3.3 层次聚类 // 44
    3.3.1 层次聚类原理 // 45
    3.3.2 层次聚类优缺点 // 46
    3.3.3 凝聚的层次聚类方法 // 47

3.4 DBSCAN // 52
    3.4.1 DBSCAN 原理 // 53
    3.4.2 DBSCAN 关键参数 // 54
    3.4.3 DBSCAN 优缺点 // 56

3.5 其他聚类方法 // 57
    3.5.1 GMM 聚类 // 57
    3.5.2 谱聚类 // 57
    3.5.3 GMM 聚类和谱聚类示例 // 58

3.6 算法对比 // 59
    3.6.1 分类和聚类的区别 // 59
    3.6.2 k-means 聚类、DBSCAN、层次聚类对比 // 59
    3.6.3 scikit-learn 库中的聚类算法的比较 // 64

第4章 神经网络与深度学习 // 66

4.1 神经网络 // 66

4.1.1 人工神经网络 // 66
4.1.2 神经元 // 67
4.1.3 激活函数 // 67
4.1.4 神经网络的基本结构 // 71
4.1.5 前向传播与反向传播 // 72

4.2 深度强化学习 // 74

4.2.1 卷积运算 // 74
4.2.2 卷积神经网络 // 77
4.2.3 循环神经网络 // 83

4.3 案例分析 // 83

第5章 杭州地铁客流数据分析实践 // 90

5.1 数据统计 // 90

5.1.1 10分钟客流集计 // 90
5.1.2 站点5分钟粒度进站客流量 // 92
5.1.3 各个站点5分钟粒度下进站乘客平均乘车时间 // 94
5.1.4 早高峰进站人数 // 96
5.1.5 线路B早高峰进站客流可视化 // 98
5.1.6 乘客编号路径追踪 // 99

5.2 数据聚类 // 102

5.3 回归分析 // 110

第6章 北京地铁客流数据分析与客流预测 // 118

6.1 数据分析 // 118

6.1.1 数据介绍 // 118
6.1.2 数据处理 // 119
6.1.3 单线路1分钟时间粒度进出站客流量 // 121
6.1.4 单站一天内1分钟时间粒度下进站客流量 // 122

6.2 客流量预测 // 125

6.2.1 LSTM模型 // 125
6.2.2 CNN模型 // 128
6.2.3 结果分析 // 132

第 7 章　多模型共享单车骑行需求预测 // 134

7.1　数据说明及具体目标 // 134
7.2　实施流程 // 135
7.3　数据预处理 // 136
7.3.1　导入相关包 // 136
7.3.2　读取数据 // 137
7.3.3　日期数据处理及特征类别转换 // 138
7.3.4　异常值处理 // 138
7.3.5　可视化分析 // 139
7.4　模型建立与求解 // 150
7.4.1　准备数据 // 150
7.4.2　基本模型 // 150
7.4.3　模型融合 Stacking // 160
7.5　结果分析 // 160
7.5.1　各模型残差分析 // 160
7.5.2　预测结果分析 // 167

参考文献 // 169

第 1 章

绪　　论

1.1　数据科学的发展历程与应用现状

1974 年彼得·诺尔（Peter Naur）第一次给出了数据科学的定义，即"一门研究数据处理的科学，在创立之初，数据与它所表示的事物之间的关系属于其他学科领域的范畴"。因此，作为学术术语的"数据科学"，其概念也变得更加清晰（见图 1-1）。随着计算机技术和数据库技术的飞速发展，数据科学也融合了计算机科学、统计学、数学各领域专业知识，不仅能够更好地将数据中心化存储和管理，以便于更好地利用数据资源处理，而且能够更加高效地利用大规模数据集。开源工具和算法的兴起，如 Python 和 R 语言，降低了进入数据科学领域的门槛，使更多人能够参与数据分析和建模。同时，大数据技术和云计算平台的发展，使得处理和分析以前难以想象的大规模数据集成为可能。机器学习和深度学习的快速发展，为数据科学带来了新的工具和方法，如图像识别、自然语言处理和预测模型。

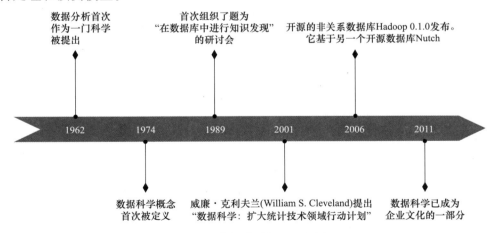

图 1-1　数据科学发展历程图

数据科学的应用已经扩展到各个领域（见图 1-2），如商业、医疗保健、社会科学和工程等，成为支持决策制定和问题解决的关键工具。然而，随着数据的增加，数据隐私和伦理问题也备受关注，开始利用法规（如 GDPR 等）规范数据的处理和共享。数据科学教育和专业化的兴起使更多人能够获得相关知识和技能，满足了不断增长的数据科学人才需求，进一步推动了这一领域的发展。

数据科学是一门综合性学科，旨在从大量的数据中提取有价值的信息和洞察，以帮助组织和个人做出更明智的决策、解决问题和预测未来趋势。在数字时代，数据有各种来源，包括社交媒体、传感器、移动应用程序、互联网浏览记录、传统数据库等。这些数据可以包括文本、数字、图像、音频和视频，形式多样繁杂，所以数据的采集和收集无疑是数据科学的核心。数据清洗和预处理是数据科学的重要步骤，由于数据通常是杂乱无章的，可能包含缺失值、异常值或错误信息，因此需要进行清洗和预处理，以确保数据的准确性和一致性。统计学、机器学习和数据挖掘是常用的分析方法，用于识别数据中的模式、关系和趋势。通过这些方法，数据科学家可以生成模型，以预测未来事件或优化决策。数据科学强调可视化和沟通能力，数据可视化工具和技术有助于将复杂的数据呈现为易于理解的图表、图形和可交互的仪表板。同时，数据科学家需要能够有效地将他们的发现和结论传达给非技术背景的人员，以支持决策制定。数据科学是不断发展和演进的领域，随着数据量的增加和技术的进步，它将继续在各个领域中发挥关键作用。

图 1-2　数据科学应用领域图

1.2　综合交通领域研究方向及应用需求

综合交通集成了道路、轨道、水路、航空、城市综合等交通模式，通过开展相应的科技创新，有望在优化交通系统性能、实现可持续发展中发挥关键作用。我国虽然在基础设施网络、综合交通运输体系、运输装备技术等领域取得了瞩目成就，但不平衡、不充分等结构性问题仍然存在；综合交通网络结构仍待优化，统筹融合、互通韧性亟待加强，综合交通的质量效率不适应经济社会快速发展的需求。因此，着力解决现代交通面临的排放治理、交通运输难题，推动建设可持续智能交通系统，成为综合交通领域亟待解决的关键问题。

综合交通体系化建设需要充分发挥各类交通方式的优势，将智能化、网联化技术与交通一体化建设有机融合并实现广泛应用，在提供良好出行服务的同时减少交通运输行业的能源消耗，以此实现交通方式的统一调度，促进绿色低碳社会发展，形成灵活、高效的交通新体系。综合交通体系化建设，基于信息化技术统筹"路-云"设施、数据支持、立体服务等通用能力，形成综合交通"数字底座"，构建全方位、立体化的基础服务平台；建立多层级、全方位、立体化的交通枢纽，实现交通统一调度，形成互惠互赢、协调共进的交通新体系，构建无缝衔接、高效便捷的综合交通指挥调度中心；基于现有交通服务产业，构建广领域、多维度、全周期的个性化出行服务体系，大力发展新能源交通技术，提供便捷、可靠、舒适、绿色的乘坐体验。

1.3 综合交通数据科学技术

1.3.1 概述

综合交通中的数据科学技术旨在改善交通系统的效率、安全性和可持续性。通过数据采集、地理信息系统（GIS）、交通模拟、智能交通系统（ITS）和数据分析，交通管理者可以更好地理解和管理交通状况，提供更顺畅、智能化的城市交通系统。这些技术也为未来交通的创新和发展提供了坚实的基础。

综合交通数据科学技术对城市交通管理和发展具有积极影响。首先，这项技术能够帮助预测和缓解交通拥堵，通过实时监测交通状况，交通管理者可以及时采取措施来改善道路流通，如调整信号灯、引导交通、提供实时交通信息等，从而降低交通拥堵。其次，这项技术有助于提高道路交通的安全性。实时监测交通事故和违规行为，以及自动化驾驶辅助系统的发展，有望减少交通事故和交通伤亡。数据分析也可以帮助交通管理者识别交通安全问题的热点区域，并采取预防措施。综合交通数据科学技术也有利于环境可持续性，通过综合交通数据科学技术，城市可以实施可持续的交通规划。这包括推动电动汽车和可持续交通模式的发展，减少交通对环境的不利影响，降低碳排放和空气污染。基于数据分析的交通管理可以提高资源利用效率。交通信号灯的智能优化、动态路线规划和共享出行服务等技术有助于降低能源和道路空间的浪费，提高城市的资源效率。鼓励交通信息的共享，实时交通状况、导航和路线建议，以便于驾驶人更好地规划自己的出行路线，避免拥堵及时间和燃料的浪费。

总之，综合交通数据科学技术的优点在于，它有助于提高城市交通系统的效率、安全性和可持续性，降低拥堵、改善道路安全，促进城市发展，为学术研究提供机会。这些优点使得这一领域成了政府、城市规划者、交通工程师、数据科学家和学术研究者关注和投资的重要领域。

1.3.2 内容

综合交通数据科学技术涵盖了多个内容领域（见表1-1）。

表1-1 综合交通数据科学技术的内容领域

数据采集与传感器	数据采集与传感器技术是综合交通数据科学的基础。数据采集包括使用各种传感器和数据源来获取有关交通系统的信息。这些传感器和数据源能够提供关于车辆流量、车速、交通事件和道路状况等数据
地理信息系统（GIS）	GIS在综合交通数据科学中扮演着关键角色。它用于空间数据的收集、存储、管理和分析，以支持交通规划、道路网络设计、地图制作和空间可视化
交通模拟	交通模拟主要起到模拟交通流动和评估不同交通策略的效果。交通模拟系统可以用于预测拥堵、评估新道路规划、优化信号灯控制、模拟交通事故等
智能交通系统（ITS）	ITS整合了传感器技术、通信和信息技术，用于实时监测和管理交通。ITS可用于交通信号灯优化、拥堵管理、事故检测、智能交通导航系统等，以提高道路的安全性和效率
大数据分析	大数据分析技术用于从大规模交通数据中提取有价值的信息，包括数据挖掘、机器学习、深度学习等，以识别交通模式、预测拥堵、改进信号控制、提高交通安全性等
交通政策和规划	这一领域还包括交通政策的制定和规划，以优化交通系统、改善道路网络和提供可持续的交通解决方案
交通数据共享和可视化	交通数据共享和可视化是将交通数据共享给决策者、公众和驾驶人的技术。这包括交通信息的可视化工具、交通应用程序和实时交通通知系统

总之，综合交通数据科学技术的内容包括数据采集与传感器、GIS、交通模拟、ITS、大数据分析、交通政策和规划、交通数据共享和可视化等多个方面。这些技术和方法相互协作，以改善城市交通系统的效率、安全性和可持续性。

1.3.3 应用

综合交通数据科学在现代社会中具有广泛的应用，它对于改善交通系统的效率、安全性、可持续性和便捷性至关重要。综合交通数据科学的一些主要应用领域如下：

1）交通拥堵管理。综合交通数据科学可以帮助城市规划者和交通管理者更好地监测交通拥堵，并采取措施来减轻拥堵。这包括实时交通流量监测、交通信号灯优化、拥堵热点识别和导航系统的拥堵避免。

2）交通事故分析。通过分析交通数据，可以帮助预测交通事故的发生概率，并迅速检测和响应交通事故。这有助于提高道路交通的安全性，并减少事故造成的交通拥堵。

3）智能交通导航。基于实时交通数据的智能导航系统可以为驾驶人提供最佳路线和交通状况信息，以减少通勤时间和燃料消耗。这些导航系统还可以考虑不同交通模式，提供多模式出行建议。

4）公共交通优化。综合交通数据科学可以用于优化公共交通系统的运营，包括公交车和列车的时刻表优化、乘客流量预测、实时公交信息提供等，以提高公共交通的可用性和吸引力。

5）自动驾驶车辆。自动驾驶汽车利用传感器和数据科学技术来感知和理解周围环境，以实现自主驾驶。综合交通数据科学在自动驾驶领域有着关键作用，包括实时地图更新、交通感知、路径规划和车辆控制。

6）交通政策制定。政府和城市规划者可以借助交通数据科学来制定更有效的交通政策。这包括道路规划、交通信号灯优化、拓宽道路、发展公共交通系统和推广可持续交通模式等。

7）共享出行服务。共享出行服务，如共享汽车、共享自行车和电动滑板车，依赖数据科学来管理车辆分布、维护和用户体验。这些服务可以提供便捷的城市出行解决方案。

8）交通环境监测。综合交通数据科学还可以用于监测交通对环境的影响，包括空气质量、噪声污染和碳排放。这有助于城市规划者制定环保交通政策。

总之，综合交通数据科学的应用领域广泛，包括从交通管理到智能导航、公共交通、自动驾驶、交通政策制定和环境监测等各个方面。这些应用有助于提高城市交通系统的效率、安全性和可持续性，提供更便捷的出行方式，改善城市居民的生活质量。

1.4 本书简介

随着全球城市化的不断加速，城市交通问题已经成为现代城市面临的重大挑战之一。城市交通系统面临着日益严重的拥堵、交通事故、环境污染和资源浪费等问题，这些问题直接影响着居民的生活质量和城市的可持续性。传统的基础设施建设和交通管理方法已经难以满足不断增长的城市人口和出行需求，因此迫切需要创新性的解决方案。

与此同时，数字化时代的到来为城市交通领域带来了前所未有的机遇。城市交通系统不断产生大量的数据，包括交通流量、交通信号、用户移动轨迹、交通事件等。这些数据提供了宝贵的信息，可以用于更智能、高效和可持续的城市交通管理和规划。然而，有效地利用这些数据需要先进的数据科学技术，这正是本书关注的核心。

本书旨在将现代数据科学技术与城市交通问题相结合，为城市规划者、交通管理者、研究人员和学生提供一本全面的指南，帮助他们更好地理解、分析和解决城市交通挑战。

在这一背景下，本书将探索的是如何运用数据科学技术来优化城市交通系统，提高交通的效率和安全性，减少对环境的不利影响，同时提供更便捷的出行方式；着重介绍的是数据分析和建模方法，以及如何将这些技术应用于实际的城市交通。希望本书能够帮助读者深入了解综合交通数据科学技术及其应用，并为未来城市交通的可持续发展做出贡献。

使用规范说明：本书均以 Python 作为编程语言，默认环境配置为 Python3.9；程序主要引用的包库为 sklearn、sklearn.metrics、sklearn.cluster、matplotlib.pyplot、numpy、pandas、math、keras.models、keras.wrappers.scikit_learn、torch、scipy、seaborn。

本书具有以下特点：

1）跨学科综合性。本书融合计算机科学、数据分析、交通工程和城市规划等多个领域的知识，以提供全面的视角，帮助读者理解和应对复杂的城市交通问题。

2）实践导向。本书结合实际案例和真实数据集，以实际项目为基础，运用数据科学技术解决真实的城市交通挑战，强调实际应用。

3）神经网络和深度学习。本书介绍的深度学习和神经网络技术，在交通数据分析中具有巨大潜力，可以用于预测、分类、聚类和决策支持。

本书的目标如下：

1）向读者介绍综合交通数据科学的基本概念和原理，帮助他们建立坚实的理论基础，理解城市交通系统的复杂性。

2）培养读者的实际问题解决能力，掌握数据分析和可视化等关键技能，使他们能够处理真实世界的城市交通数据。

3）提供深度学习和神经网络等高级技术的相关知识，以及如何将它们应用于城市交通数据的方法，以便读者能够构建更准确和强大的模型。

4）解释如何使用回归、聚类等数据科学技术解决城市交通问题，包括交通拥堵管理、客流预测、交通事故分析等。

5）通过实际案例研究，演示如何运用数据科学技术对城市交通数据进行分析，以及如何在共享单车数据集成学习中取得更好的效果。

设立这些目标旨在帮助读者掌握丰富的知识和实践经验，积极参与解决当今城市交通挑战，为构建更智能、高效和可持续的城市交通系统做出贡献。

第 2 章

回归分析的原理、模型与实现

2.1 回归分析简介

在大数据技术中,回归分析是一种广泛应用的统计分析方法,用于建立自变量(输入变量)和因变量(输出变量)之间的关系模型。回归分析在多个领域都有重要的应用,旨在预测和解释因变量的变化与自变量之间的关联。

回归分析的核心目标是利用已知的数据来拟合一个数学模型,并使用该模型对未知数据进行预测。通过回归分析,我们可以揭示自变量和因变量之间的数学关系,识别出哪些自变量对因变量具有显著影响,进而进行预测、优化决策或进行因果推断。

回归模型可以是线性的,即自变量与因变量之间存在线性关系;也可以是非线性的,适用于自变量与因变量之间更为复杂的关系。在线性回归中,常寻找一个线性函数来拟合数据;在非线性回归中,函数形式则更加灵活。

在回归分析中,常用的评估指标包括决定系数 R^2、方均误差(Mean Squared Error, MSE)、残差分析等,用于衡量模型的拟合程度和预测精度。同时,回归分析也需要考虑模型的解释性,即能否解释自变量和因变量之间的关系,以及是否满足模型的假设条件。

在交通领域的大数据分析中,回归分析具有重要意义。通过对交通大数据进行回归分析,可以预测交通流量、事故发生概率,甚至推测出不同因素对交通状况的影响程度。这有助于交通管理部门优化交通规划,改善交通运输效率,减轻交通拥堵,提高道路安全性。同时,回归分析还可以在金融、医疗、市场营销等领域发挥重要作用,帮助预测销售量、用户行为,进行投资决策和资源分配,提高决策的科学性和效率。

回归问题的来源:英国著名的统计学家高尔顿(F.Galton)研究了1078对夫妇及其一个成年儿子的身高关系。以儿子的身高作为纵坐标、夫妇的平均身高作为横坐标作散点图,发现父母的身高虽然会遗传给子女,但子女的身高却有逐渐"回归到身高的平均值"的现象,即两者的关系近似一条直线。经计算得到了如下方程:

$$y = 0.516x + 0.8567$$

于是,高尔顿引入"回归"(regression)一词来表达这种方程关系。

2.2 简单线性回归

2.2.1 案例引入

表 2-1 给出了一个物体的运动时间和位移的数据。

表 2-1 时间位移记录表

时间 /h	位移 /m
1	3.5
2	6.8
3	9.3
4	12.1
5	15.1
6	18.2
…	…

这里用自变量 x 表示这个物体运动的时间,因变量 y 表示这个物体的位移。

对于以上数据,可以用一条直线去尽量准确地拟合这些数据,从而找到这个物体运动的时间和位移之间的因果关系,如图 2-1 所示。

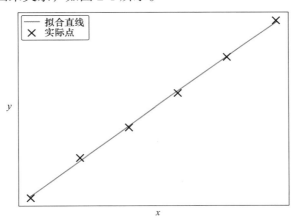

图 2-1 物体运动时间和位移之间的因果关系

具体来说,时间位移记录表作为训练集或训练数据,一般为模型的输入数据;训练数据由一组输入数据和输出数据组成;物体的位移为模型的输出数据;拟合出的函数表示物体运动的时间和位移之间的关系。

2.2.2 基本概念

线性回归分析主要用于解决连续型变量的回归分析和预测问题。其通过"线性"组合的形式来表述特征与目标值之间的关系,是交通领域最常用的,也是最重要的机器学习模型之一。

物理学中有着一些著名的线性模型,如欧姆定律(Ohm's law),即流过一段导体的电流与这段导体两端的电压成正比。这种模型被认为是确定性的。也就是说，如果输入的值是已知的，那么结果变量的值也能够精确确定。线性回归模型是基于概率的，以解释可以影响任何特定结果的随机性。基于已知的输入值，线性回归模型提供了结果变量的预期值，但是预测结果仍然可能存在某些不确定性。因此，线性回归模型在物理学和社会科学应用中很有用。在这些领域中，给定一组特定的输入值，其产生的结果可能会有相当大的不同。

线性回归通常用于商业、政府和其他的场景。现实世界中一些常见的实际线性回归应用如下：

1）房地产。可以使用简单的线性回归分析模型，将住宅价格建模为以住宅区域为参数的函数。这种模型可以帮助设定或评估市场上住宅的价格。模型还可以包括其他的输入参数，如浴室的数量、卧室的数量、地皮尺寸，以及学区排名、犯罪率统计和房产税等，来进一步优化。

2）需求预测。政府与企业可以利用线性回归模型来预测货物与服务的需求。例如，餐厅可以根据天气、星期几、特价商品、一天中的时间段及餐厅预订量，来合理地预测与准备顾客消费的食物类型与数量。类似的模型可以用来预测零售额、急诊人数和救护车调度。

3）医疗。线性回归模型可以用来分析肿瘤放射治疗的效果。输入变量可能包括单次放射治疗的时长、放射治疗的频率，以及患者的年龄与体重等。

2.2.3 模型描述

顾名思义，线性回归模型假设在输入变量与结果变量之间存在线性的关系。这种关系可以通过如下公式来表示：

$$y = \beta_0 + \sum_{j=1}^{p-1} \beta_j x_j + \varepsilon$$

式中，y 为结果变量；x_j 为输入变量，$j=1,2,\cdots,p-1$；β_0 为当每个 x_j 都等于 0 时的 y 值；β_j 为 y 基于每个 x_j 单元变化的变化量；ε 为随机误差项，表示线性模型输入与 y 的实际观察值之间的差值。

假设需要建立一个线性回归模型，将一个人的年收入看作两个输入变量（年龄（age）和教育（education），以年为单位）的函数，来估计其收入。在这个案例中，收入是一个结果变量，输入变量是年龄与教育。尽管可能过于泛化，这个模型在直观上似乎是正确的，因为人们的技能和经验随年龄提升，个人收入也理应相应增加。此外，那些受教育程度更高的人获得雇佣的机会与起始薪水也会更高。

然而，同样很明显的是，一组有相同年龄与相同受教育水平的人的收入也存在着相当大的差异。而这类差异在模型中由 ε 表示。因此，在这个例子中，模型由如下公式表示：

$$收入 = \beta_0 + \beta_1 \times 年龄 + \beta_2 \times 教育 + \varepsilon$$

在这个线性模型中，β_j 表示未知的 p 参数。这些未知参数的取值要让模型能根据年龄与教育对个人收入提供一个平均意义上的合理的估算。换句话说，拟合得出的模型需要将线性模型与实际观察值之间的总体误差降至最低。

假定现在有一组由 d 个特征组成的特征向量 $\boldsymbol{x}=(x_1;x_2;\cdots;x_d)$。其中，$x_d$ 是其第 d 个特征的取值。如果知道特征向量 $\boldsymbol{x}$ 和目标值 y 之间有线性关系，就可以构建基于 d 个特征的线性函数对 y 进行预测：

$$y = w_1x_1 + w_2x_2 + \cdots + w_dx_d + b = \boldsymbol{w}^\mathrm{T}\boldsymbol{x} + b$$

以上即为线性模型的标准形式，$\boldsymbol{w}=(w_1;w_2;\cdots;w_d)$ 是度量 x 和 y 之间关系的参数，b 代表常数项。一旦确定参数 $\boldsymbol{w}$ 和 b，那么线性模型就能确定下来。所以，模型学习的过程，就是优化这两组参数的过程。图 2-2 给出了单一特征与目标值之间的线性模型结构。

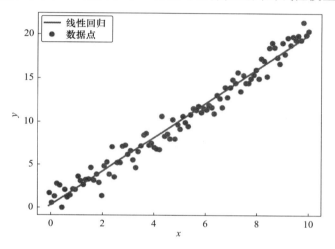

图 2-2　单一特征与目标值之间的线性模型结构

2.2.4　参数估计

1. 最小二乘法

给定包含 m 个样本的数据集 $D=\{(x_1,y_1),(x_2,y_2),\cdots,(x_m,y_m)\}$，$x_i=(x_{i1};x_{i2};\cdots;x_{id})$，$y_i\in\mathbb{R}$，尝试构建"线性回归"模型 $f(x_i)=\boldsymbol{w}^\mathrm{T}\boldsymbol{x}+b$ 来描述 x_i 和 y_i 之间的关系，并对新的数据集进行预测，那具体如何确定参数 $\boldsymbol{w}$ 和 b 呢？

考虑一元线性回归的情况，即 $d=1$，输入特征只有 1 个，且参数 ω 为标量。此时，包含 m 个样本的数据集可记为 $D=\{(x_i,y_i)\}_{i=1}^m$。理论上，可以寻找到任意多组不同参数组合 (ω,b) 模拟样本数据集的分布形态。但是线性回归的目标，是希望找到一组最优参数 (ω^*,b^*)，来保证 $f(x_i)$ 能够尽可能逼近 y_i，即准确地预测真实目标值。因此，可采用如下的损失函数将确定线性回归参数的过程描述为搜索一组最优参数 (ω^*,b^*)，使损失函数 $\wp_{(\omega,b)}$ 的值最小：

$$\wp_{(\omega,b)} = \sum_{i=1}^m (f(x_i)-y_i)^2$$

通过损失函数来确定线性回归模型参数的方法，就是经典的"最小二乘法"（least square method）：

$$(\omega^*, b^*) = \arg\min_{(\omega,b)} \sum_{i=1}^{m}(f(x_i)-y_i)^2$$

最小二乘法是一种数学优化方法，在线性回归问题中利用该方法，可简便地找到一条直线，使得这些预测数据和样本数据之间误差的二次方和最小。上述过程，它也称为线性回归的最小二乘参数估计（parameter estimation）。模型是一个无线性约束条件的凸规划模型，因此想确定最优的 ω^* 和 b^*，只要分别令 $\wp_{(\omega,b)}$ 对 ω 和 b 的偏导为 0，即

$$\frac{\partial \wp_{(\omega,b)}}{\partial \omega}=0$$

$$\frac{\partial \wp_{(\omega,b)}}{\partial b}=0$$

对上式进行整理，即可获得 ω^* 和 b^* 的表达式，也就意味着基于样本数据，采用最小二乘法得到了最优回归直线。图 2-3 所示为普通最小二乘法的一个简单示例。

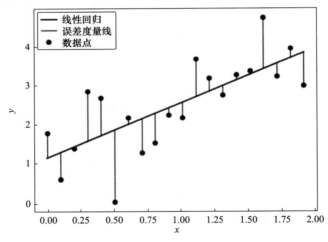

图 2-3　普通最小二乘法

$$\omega^* = \frac{\sum_{i=1}^{m} y_i(x_i - \bar{x})}{\sum_{i=1}^{m} x_i^2 - \frac{1}{m}\left(\sum_{i=1}^{m} x_i\right)^2}, \bar{x} = \frac{1}{m}\sum_{i=1}^{m} x_i$$

$$b^* = \frac{1}{m}\sum_{i=1}^{m}(y_i - \omega^* x_i)$$

利用最小二乘法建立回归模型的代码。

第 1 步，使用 sklearn.datasets.make_regression 函数生成具有线性关系的 100 个一维数据并绘制散点图。

```
# 第一步：数据生成
from sklearn import datasets
import matplotlib.pyplot as plt
X, y = datasets.make_regression(n_samples=100, n_features=1,
n_informative=1, noise=2, random_state=9)
plt.figure(figsize=(8, 6))
plt.scatter(X, y, color='b')
# 调整绘图的样式
plt.xticks(fontsize=14)
plt.yticks(fontsize=14)
plt.xlabel("x", fontsize=20)
plt.ylabel("y", fontsize=20)
plt.grid(linestyle='-.')
ax = plt.gca()
ax.xaxis.set_label_coords(1.02, 0.04)
ax.yaxis.set_label_coords(-0.04, 1)
# 生成散点图
plt.show()
```

生成的随机数据集如图 2-4 所示。

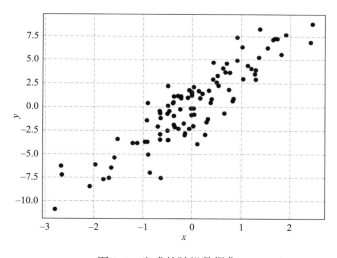

图 2-4　生成的随机数据集

第 2 步，使用 sklearn.model_selection.train_test_split() 函数，将数据集划分为训练集与测试集。

```
# 第二步：训练集、测试集划分
from sklearn.model_selection import train_test_split
X_train, X_test, y_train, y_test = train_test_split(
    X, y, test_size=0.2, random_state=10)
```

第3步，对所获取的数据进行标准化，这对于各维度数量级差别较大的数据，能够有较好的修复作用。

```
# 第三步：标准化
from sklearn.preprocessing import StandardScaler
scaler = StandardScaler().fit(X_train)
X_train = scaler.transform(X_train)
X_test = scaler.transform(X_test)
X = scaler.transform(X)
```

第4步，用sklearn.linear_model.LinearRegression类上述数据进行建模，所采用的参数估计方法为最小二乘法，训练过程如下：

```
# 第四步：模型训练
from sklearn.linear_model import LinearRegression
lin_reg = LinearRegression()
lin_reg.fit(X_train, y_train)
# 模型预测
y_predict = lin_reg.predict(X_test)
```

模型的 R^2 系数则可以通过模型在测试集的表现上获得：

```
# 模型R2系数
lin_r2_score = lin_reg.score(X_test, y_test)
print(lin_r2_score)    # 输出：0.8714c
```

这样，利用最小二乘法，对该组数据构建起了一个线性回归模型。

2. 极大似然估计

最小二乘法，基于二次方损失函数最小的思路，对线性回归模型的参数进行估计。除了最小二乘法外，还有另一种重要的参数估计方法——极大似然估计。

不同于最小二乘法，极大似然估计的核心思想，是假定模型整体分布已知，利用已知样本结果，反推最具有可能（最大概率）导致这些样本结果出现的模型参数值，即在样本值处概率密度函数的取值最大。换句话说，极大似然估计提供了一种给定观察数据来评估模型参数的方法，即"模型已定，参数未知"。

上面提到一元线性回归的目标，是希望得到线性模型 $f(x_i) = wx_i + b$，使得预测值 $f(x_i)$ 尽可能接近目标值 y_i，而两者之间的关系，可通过引入随机误差项 ε_i 来刻画：

$$y_i = f(x_i) + \varepsilon_i = wx_i + b + \varepsilon_i$$

在实际任务中，随机误差项 ε_i 代表众多无法观测因素独立影响后的综合反映。根据中心极限定理，可认为 $\varepsilon_i (i=1,2,\cdots,m)$ 服从均值为0、方差为 σ^2 的正态分布，即 $\varepsilon_i \sim N(0,\sigma^2)$，则 $\varepsilon_i = \tilde{\varepsilon}$ 的概率应为

$$p(\varepsilon_i = \tilde{\varepsilon}) = \frac{1}{\sqrt{2\pi}\sigma} e^{\frac{[y_i-(wx_i+b)]^2}{2\sigma^2}}$$

给定样本 x_i 与目标值 y_i，则 y_i 在 x_i 和参数 (w,b) 下的条件概率为

$$p(y_i|x_i;(w,b)) = \frac{1}{\sqrt{2\pi}\sigma}e^{-\frac{[y_i-(wx_i+b)]^2}{2\sigma^2}}$$

对于样本数为 m 的数据集来说，利用极大似然估计法进行参数估计，就是希望最优参数组 (ω^*,b^*) 出现的概率最大，似然函数 $L_{(\omega,b)}$ 为

$$L_{(\omega,b)} = \prod_{i=1}^{m} p(y_i|x_i;(w,b)) = \prod_{i=1}^{m}\frac{1}{\sqrt{2\pi}\sigma}e^{-\frac{[y_i-(wx_i+b)]^2}{2\sigma^2}}$$

进一步对上式求取对数，可得到对数似然函数 $LL_{(\omega,b)}$：

$$LL_{(\omega,b)} = \ln L_{(\omega,b)} = \ln \prod_{i=1}^{m} p(y_i|x_i;(w,b))$$

由于对数函数单调递增，因此相比 $L_{(\omega,b)}$，对数似然函数 $LL_{(\omega,b)}$ 不仅没有改变单调性，且更易求导。通过最大化对数似然函数值，对上式求偏导并令导数值为 0，即可确定最优参数组 (ω^*,b^*)。

$$LL_{(\omega,b)} = m\ln\frac{1}{\sqrt{2\pi}\sigma} - \frac{1}{2\sigma^2}\sum_{i=1}^{m}[y_i-(wx_i+b)]^2$$

式中的 $m\ln\frac{1}{\sqrt{2\pi}\sigma}$ 为常数，后项中 $\frac{1}{2\sigma^2}$ 也为常数，因此求偏导的结果就等价于最小二乘法中损失函数分别对 w 和 b 求偏导为 0 处的结果，两种方法均可估计出最优参数。

极大似然估计法不仅适用于一元线性回归的参数估计，还可应用在多元线性回归，甚至广义线性回归的参数估计过程中。

以下为一个简单的极大似然估计例子。假设有一组观测数据，这些数据来自一个服从正态分布的随机变量，目标是使用极大似然估计来估计该正态分布的均值和标准差。

```
import numpy as np
data = np.array([2.3, 3.1, 1.8, 4.2, 2.9, 5.1, 3.8, 4.5, 3.2, 5.7])
# 计算均值和标准差的极大似然估计
mu_mle = np.mean(data)
sigma_mle = np.std(data, ddof=1)   # 使用无偏估计计算标准差
print("均值的极大似然估计:", mu_mle)
print("标准差的极大似然估计:", sigma_mle)
```

输出结果如下：
均值的极大似然估计为 3.66。
标准差的极大似然估计为 1.232161605562445。

2.2.5 欠拟合与过拟合

过拟合是指，模型在训练数据上表现非常好，但在新的未见过的数据上表现较差。过

拟合发生时，模型过度适应了训练数据的细节和噪声，导致模型过于复杂。过多的参数或高阶多项式特征可能会使模型在训练数据上拟合得很好，但在未知数据上泛化能力较弱。过拟合的模型可能会导致过于乐观的预测，而在实际应用中效果不佳。

欠拟合是指，模型未能很好地拟合训练数据，无法捕捉数据的关键特征和模式。欠拟合通常发生在模型过于简单或特征不足的情况下。如果模型复杂度不够，它可能无法拟合训练数据的变化，导致在训练和测试数据上表现均较差。欠拟合的模型可能会忽略数据中的重要信息，导致预测的准确性较低。

过拟合与欠拟合特性如图2-5所示。

假设有一组带噪声的数据点，用不同复杂度的多项式回归模型来拟合这些数据，然后观察欠拟合和过拟合的情况。

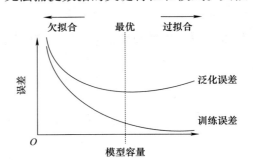

图2-5 过拟合与欠拟合特性

```
import numpy as np
import matplotlib.pyplot as plt
# 设置随机种子，以便结果可重复
np.random.seed(42)
# 生成模拟数据
X = np.sort(5 * np.random.rand(80, 1), axis=0)
y = np.sin(X).ravel() + np.random.randn(80) * 0.2
from sklearn.pipeline import Pipeline
from sklearn.preprocessing import PolynomialFeatures
from sklearn.linear_model import LinearRegression
from sklearn.metrics import mean_squared_error
def plot_poly_regression(degree):
# 创建多项式回归模型
polynomial_features = PolynomialFeatures(degree=degree, include_bias=False)
linear_regression = LinearRegression()
model = Pipeline([("polynomial_features", polynomial_features),
                  ("linear_regression", linear_regression)])
# 使用数据拟合模型
model.fit(X, y)
y_pred = model.predict(X)
# 绘制拟合结果
plt.scatter(X, y, s=15, label="Data")
    plt.plot(X, y_pred, color='red', label="Degree %d" % degree)
    plt.xlabel('X')
    plt.ylabel('y')
    plt.legend()
# 计算方均误差
mse = mean_squared_error(y, y_pred)
    plt.title("Degree: %d, MSE: %.3f" % (degree, mse))
# 保存图像
plt.savefig("拟合图_%d.png" % degree)
    plt.show()
```

```
# 拟合不同复杂度的多项式回归模型并保存图像
plot_poly_regression(degree=1)   # 线性模型
plot_poly_regression(degree=3)   # 三次
plot_poly_regression(degree=10)  # 十次多项式
```

欠拟合示例如图 2-6 所示，一次多项式（线性模型）无法很好地拟合数据，这是欠拟合的情况，模型过于简单，不能捕捉数据中的复杂模式。

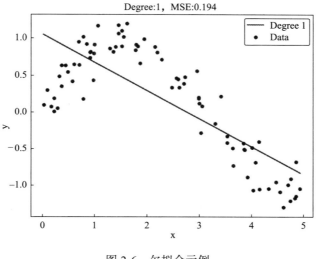

图 2-6　欠拟合示例

适当拟合示例如图 2-7 所示，三次多项式较好地拟合了数据，这是一个适当拟合。

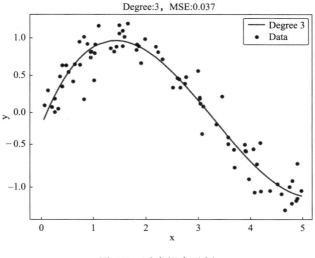

图 2-7　适当拟合示例

过拟合示例如图 2-8 所示，十次多项式过度拟合了数据，它对训练数据表现良好，但对于新的未见过的数据可能表现不好。这是过拟合的情况，模型过于复杂，过度拟合了训练数据中的噪声。

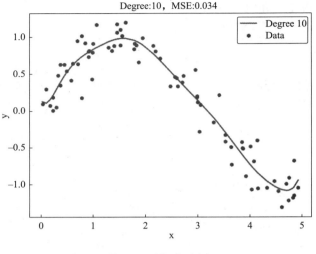

图 2-8 过拟合示例

下面介绍欠拟合和过拟合的原因及解决办法。

（1）欠拟合原因及解决办法

欠拟合的原因是，学习到数据的特征过少。其解决办法如下：

1）添加其他特征项，有时候模型出现欠拟合的时候是因为特征项不够导致的，可以添加其他特征项来很好地解决。例如，"组合""泛化""相关性"三类特征是特征添加的重要手段，无论在什么场景，都可以照葫芦画瓢，会得到意想不到的效果。除上面的特征之外，"上下文特征""平台特征"等，都可以作为特征添加的首选项。

2）添加多项式特征，在机器学习算法里面用得很普遍，如将线性模型通过添加二次项或三次项使模型泛化能力更强。

（2）过拟合原因及解决办法

过拟合的原因是，原始特征过多，存在一些嘈杂特征，模型过于复杂是因为模型尝试去兼顾各个测试数据点。其解决办法如下：

1）重新清洗数据。导致过拟合的一个原因也有可能是数据不纯，如果出现了过拟合就需要重新清洗数据。

2）增大数据的训练量。还有一个原因就是用于训练的数据量太小，训练数据占总数据的比例过小。

3）正则化。

4）减少特征维度，防止维灾难。

2.2.6 多元线性回归

1. 多元线性回归模型的构建

上一节探讨的是一元线性回归的过程。如果想对包含 m 个样本、d 个特征的数据集 $D = \{(x_1, y_1), (x_2, y_2), \cdots, (x_m, y_m)\}$，$x_i = (x_{i1}; x_{i2}; \cdots; x_{id})$，$y_i \in \mathbb{R}$ 进行建模，其包含多个特征，因此称为"多元线性回归"（multivariate linear regression）。

多元线性回归的参数估计方法可以参考一元线性回归，为方便讨论，将参数 w 和 b 吸收入向量 $\theta = (\omega;b)$，把数据集 D 表示为一个 $m\times(d+1)$ 大小的矩阵 $X = \{X_1^T;X_2^T;\cdots;X_m^T\}$，其中 $X_i=(x_i;1)$，$i\in\{1,2,\cdots,m\}$。矩阵前 d 列对应于样本的 d 个特征值，最后一列对应常数项 b，因此矩阵值恒为 1，即

$$X = \begin{pmatrix} x_{11} & x_{12} & \cdots & x_{1d} & 1 \\ x_{21} & x_{21} & \cdots & x_{2d} & 1 \\ \vdots & \vdots & \ddots & \vdots & \vdots \\ x_{m1} & x_{m2} & \cdots & x_{md} & 1 \end{pmatrix} = \begin{pmatrix} x_1^T & 1 \\ x_2^T & 1 \\ \vdots & \vdots \\ x_m^T & 1 \end{pmatrix} = \begin{pmatrix} X_1^T \\ X_2^T \\ \vdots \\ X_m^T \end{pmatrix}$$

再把目标值写成向量形式 $y=(y_1;y_2;\cdots;y_m)$，则类似一元线性回归的推导：

$$\theta^* = \arg\min_{\theta}(y-X\theta)^T(y-X\theta)$$

同样，损失函数 $\wp_{(\theta)}$ 对 θ 求梯度：

$$\frac{\partial \wp_{(\theta)}}{\partial \theta} = 2X^T(X\theta - y)$$

令上式为 0，即可确定最优参数组 θ^*，当 X^TX 为满秩矩阵，即可逆时，最优参数组 θ^* 有闭式解：

$$\theta^* = (X^TX)^{-1}X^Ty$$

最终得到的多元线性回归模型为

$$f(x_i) = X_i^T(X^TX)^{-1}X^Ty$$

但是，不同于一元线性回归，由于多元线性回归数据的复杂性，导致现实任务中，X^TX 往往不可逆。例如，任务样本中包含大量特征，其特征数目甚至超过样本数，这时 X 的列数大于行数，X^TX 显然不满秩。这种情况下，会求解出多组 θ^* 均能使损失函数最小。

为解决该问题，可利用正则化方法，通过给目标函数添加惩罚项，限制模型复杂度，此时最优参数组 θ^* 的解析解为

$$\theta^* = (X^TX + \lambda I)^{-1}X^Ty$$

式中，$\lambda>0$ 为正则项系数；I 为单位阵。

这一正则化方法相当于给 X^TX 的对角线元素都增加了一个正数 λ，即使 X^TX 不满秩，加入 λI 后的 $X^TX+\lambda I$ 将变成非奇异矩阵，可以对其求逆，从而保证了 θ^* 的唯一性。

2. 参数估计和显著性检验

上面构建了一个线性回归模型，但还未对其进行评价，也没有通过如多次交叉验证的方法对模型进行持续优化。

第 5 步，sklearn.metrics 直接提供了评价线性回归的若干指标，包括 explained_variance_score（解释方差得分）、mean_absolute_error（方均误差）等。例如，可采用"方均误

差"在测试集上对模型进行评价:

```
# 第五步:模型评价
from sklearn.metrics import mean_squared_error
lin_mse = mean_squared_error(y_test, y_predict)
print(lin_mse) # 输出:2.4945
```

第 6 步,还需要通过多次交叉验证来持续优化模型。scikit-learn 库也提供了交叉验证的方法:sklearn.model_selection.cross_val_predict() 函数。

```
# 第六步:10 折交叉验证
from sklearn.model_selection import cross_val_predict
predicted = cross_val_predict(lin_reg, X, y, cv=10)
cv_lin_mse = mean_squared_error(y, predicted)
print(cv_lin_mse) # 输出:3.5290
```

第 7 步,对得到的线性回归模型进行可视化(见图 2-9)。

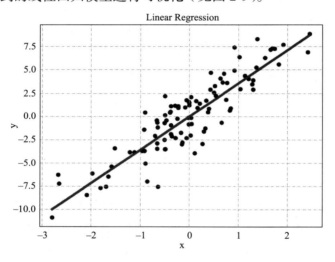

图 2-9　线性回归模型可视化图

```
# 第七步:可视化
import numpy as np
# 将标准化的 X 还原
X = scaler.inverse_transform(X)
X_min = min(X)[0]
X_max = max(X)[0]
X_line = np.linspace(X_min, X_max, 1000)
y_line = X_line * lin_reg.coef_ + lin_reg.intercept_
plt.figure(figsize=(8, 6))
ax = plt.gca()
ax.scatter(X, y, color='b')
ax.plot(X_line, y_line, 'r', lw=4)
ax.set_title('Linear Regression', fontsize=20)
```

```
ax.set_xlabel('x', fontsize=20)
ax.set_ylabel('y', fontsize=20)
plt.xticks(fontsize=14)
plt.yticks(fontsize=14)
ax.xaxis.set_label_coords(1.02, 0.04)
ax.yaxis.set_label_coords(-0.04, 1)
plt.grid(linestyle='-.')
plt.show()
```

以下为一个 scikit-learn 线性回归示例（见图 2-10）：

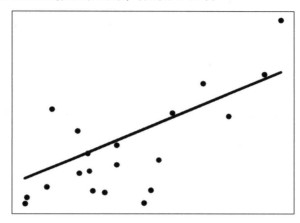

图 2-10　scikit-learn 线性回归示例

```
import pandas as pd
import matplotlib.pyplot as plt
import numpy as np
from sklearn import datasets, linear_model
from sklearn.metrics import mean_squared_error, r2_score
# 将 scikit-learn 数据集转换为 DF
def sklearn_to_df(sklearn_dataset):
df = pd.DataFrame(sklearn_dataset.data, columns=sklearn_dataset.feature_
names)
df['target'] = pd.Series(sklearn_dataset.target)
return df
# Load the diabetes dataset
#diabetes_X, diabetes_y = datasets.load_diabetes(return_X_y=True) # 方法一
df_diabetes = sklearn_to_df(datasets.load_diabetes()) # 方法二
print(df_diabetes.columns) # 显示所有列明
diabetes_X = np.array(df_diabetes[['age', 'sex', 'bmi', 'bp', 's1', 's2',
's3', 's4', 's5', 's6']])
diabetes_y = np.array(df_diabetes['target'])
# Use only one feature
diabetes_X = diabetes_X[:, np.newaxis, 2]
print(diabetes_X)
# Split the data into training/testing sets
diabetes_X_train = diabetes_X[:-20]
diabetes_X_test = diabetes_X[-20:]
```

```
# Split the targets into training/testing sets
diabetes_y_train = diabetes_y[:-20]
diabetes_y_test = diabetes_y[-20:]
# Create linear regression object
regr = linear_model.LinearRegression()
# Train the model using the training sets
regr.fit(diabetes_X_train, diabetes_y_train)
# Make predictions using the testing set
diabetes_y_pred = regr.predict(diabetes_X_test)
# The coefficients
print("Coefficients: \n", regr.coef_)
# The mean squared error
print("Mean squared error: %.2f" % mean_squared_error(diabetes_y_test, diabetes_y_pred))
# The coefficient of determination: 1 is perfect prediction
print("Coefficient of determination: %.2f" % r2_score(diabetes_y_test, diabetes_y_pred))
# Plot outputs
plt.scatter(diabetes_X_test, diabetes_y_test, color="black")
plt.plot(diabetes_X_test, diabetes_y_pred, color="blue", linewidth=3)
plt.xticks(())
plt.yticks(())
plt.show()
```

2.3 逻辑回归

2.3.1 案例引入

假设一家保险公司的员工，要预测哪些客户更有可能在未来一年内购买汽车保险。现在已有一些客户的历史数据，包括年龄、性别、驾龄、车辆价值、是否有过事故记录等信息。目标是根据这些信息来构建一个预测模型。

为了解决这个问题，可以使用逻辑回归模型。逻辑回归是一种用于解决二分类问题的统计方法。在这个例子中，二分类问题就是将客户分为两类：一类是可能购买汽车保险的客户（标记为 1）；另一类是不太可能购买的客户（标记为 0）。

逻辑回归通过构建一个逻辑函数（通常是 Sigmoid 函数）来预测目标变量的概率。这个函数将线性回归的输出（即特征的加权和）映射到 0 和 1 之间，表示某个事件发生的概率。

在构建模型的过程中，需要做的是找到最佳的权重值，使得模型能够准确地预测客户是否会购买汽车保险。这通常通过最小化预测结果与实际结果之间的差异（即损失函数）来实现，常用的方法包括梯度下降、正则化、特征选择等优化算法。

一旦模型训练完成，就可以使用它来预测新客户的购买意向。例如，当一个新的客户数据输入到模型中时，模型会输出一个介于 0 和 1 之间的概率值，表示该客户购买汽车保险的可能性。可以根据这个概率值来做出决策，如给高概率的客户发送优惠信息或提供更多的保险咨询服务。逻辑回归不仅在保险行业中有应用，还广泛应用于其他领域，如广告点击率预测、疾病诊断等。

2.3.2 基本概念

在线性回归建模中，结果变量是一个连续变量。从之前的示例中可以看出，线性回归可以用来对年龄和教育与收入之间的关系进行建模。假设不关心一个人的实际收入，而关心这个人的贫富。在这种情况下，当结果变量是分类型的，那么逻辑回归可以基于输入变量用来预测结果的可能性。虽然逻辑回归可以应用于一个有多个值的结果变量，但是下面的讨论将研究这样的情况，即结果变量有两个值，如真/假、通过/失败、是/否。

例如，可以构建一个逻辑回归模型，来确定一个人是否会在未来 12 个月内购买新的汽车。训练集可以包括一个人的年龄、收入、性别及现有汽车的车龄等输入变量。训练集也可包含这个人在过去的 12 个月是否购买了新汽车这一结果变量。逻辑回归模型提供了一个人在接下来的 12 个月内购买新汽车的可能性或概率。在讲解一些逻辑回归的用例之后，本章剩下的部分就会探讨如何建立和评估一个逻辑回归模型。

逻辑回归模型可以应用于公共领域与私人领域中的各种场景。逻辑回归模型的一些常见用法如下：

1）医疗。建立一个模型来判断特定治疗或手术对一个病人有效的可能性。输入变量可能包括年龄、体重、血压和胆固醇水平。

2）金融。利用贷款申请人的信用历史和其他贷款细节来确定申请人会拖欠贷款的概率。基于预测，贷款申请可能被批准或拒绝，或者修改条款。

3）营销。根据年龄、计划包含的家庭成员数、现有合同的剩余月数，以及其社交网络联系人等来判断确定一个无线网络客户更换运营商的概率（称为流失）。通过这种洞见，定位具有高流失概率的客户，为他们提供合适的合约来防止流失。

4）工程。根据工程的运营状况和各种诊断数据来确定机器零件出现故障或失效的概率。通过这种概率的估计，可以计划适当的预防性维护。

2.3.3 模型描述

逻辑回归模型中的因变量只有 1 和 0（如"是"和"否"、"发生"和"不发生"）两种取值。假设在任意一个独立自变量的作用下，记 y 取 1 的概率是 $p=P(y=1|X)$，取 0 的概率是 $1-p$，取 1 和取 0 的概率之比为 $\frac{p}{1-p}$，称为事件的优势比 odds，对 odds 取自然对数得逻辑变换 $\text{Logit}(p)=\ln\left(\frac{p}{1-p}\right)$。

令 $\text{Logit}(p)=\ln\left(\frac{p}{1-p}\right)=z$，则 $p=\frac{1}{1+e^{-z}}$ 为逻辑函数，如图 2-11 所示。

当 p 在 (0,1) 之间变化时，odds 的取值范围是 $(0,+\infty)$，则 $\ln\left(\frac{p}{1-p}\right)$ 的取值范围是 $(-\infty,+\infty)$。

逻辑回归模型是建立 $\ln\left(\frac{p}{1-p}\right)$ 与自变量的线性回归模型。

记 $z=w^\mathrm{T}x+b$，则逻辑回归模型表达式如下：

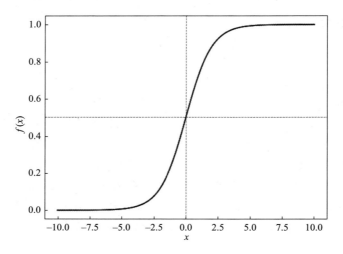

图 2-11 逻辑函数

$$\ln\left(\frac{p}{1-p}\right) = \boldsymbol{w}^{\mathrm{T}}\boldsymbol{x} + b$$

则有

$$p = P(y=1\mid X) = \frac{1}{1+\mathrm{e}^{-\boldsymbol{w}^{\mathrm{T}}\boldsymbol{x}+b}}$$

$$1-p = P(y=0\mid X) = \frac{1}{1+\mathrm{e}^{\boldsymbol{w}^{\mathrm{T}}\boldsymbol{x}+b}}$$

也就是说,输出 $y=1$ 的对数几率是由输入 $\boldsymbol{x}$ 的线性函数表示的模型,这就是逻辑回归模型。当 $\boldsymbol{w}^{\mathrm{T}}\boldsymbol{x}+b$ 的值越接近正无穷,$P(y=1\mid X)$ 的概率值也就越接近 1。因此逻辑回归的思路是,先拟合决策边界(不局限于线性,还可以是多项式),再建立这个边界与分类的概率联系,从而得到了二分类情况下的概率。

那么,使用对数概率的意义在哪呢?通过上述推导可以看到逻辑回归实际上是使用线性回归模型的预测值逼近分类任务真实标记的对数概率,其优点如下:

1)直接对分类的概率建模,无须实现假设数据分布,从而避免了假设分布不准确带来的问题(区别于生成式模型)。

2)不仅可预测出类别,还能得到该预测的概率。这对一些利用概率辅助决策的任务很有用。

3)对数概率函数是任意阶可导的凸函数,有许多数值优化算法都可以求出最优解。

逻辑回归模型的建模步骤如图 2-12 所示。

1)根据分析目的设置指标变量(因变量和自

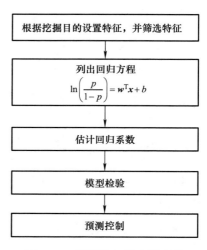

图 2-12 逻辑回归的建模步骤

变量），然后收集数据，根据收集到的数据对特征再次进行筛选。

2）y 取 1 的概率是 $p = P(y=1|X)$，取 0 的概率是 $1-p$。用 $\ln\left(\dfrac{p}{1-p}\right)$ 和自变量列车线性回归方程，估计出模型中的回归系数。

3）进行模型检验。模型有效性的检验指标有很多，最基本的是正确率，其次是混淆矩阵、ROC 曲线、KS 值等。

4）模型应用。输入值变量的取值就可以得到预测变量的值，或者根据预测变量的值去控制自变量的取值。

2.3.4 参数估计

逻辑回归模型的数学形式确定后，剩下就是如何去求解模型中的参数。在统计学中，常使用极大似然估计法来求解。即，找到一组参数，使得在这组参数下，数据的似然度（概率）最大。似然函数为

$$L(\boldsymbol{w}) = \prod [p(\boldsymbol{x}_i)]^{y_i}[1-p(\boldsymbol{x}_i)]^{1-y_i}$$

为了更方便求解，对等式两边同时取对数，写成对数似然函数：

$$\begin{aligned}L(\boldsymbol{w}) &= \sum [y_i \ln p(\boldsymbol{x}_i) + (1-y_i)\ln(1-p(\boldsymbol{x}_i))] \\ &= \sum \left[y_i \ln \frac{p(\boldsymbol{x}_i)}{1-p(\boldsymbol{x}_i)} + \ln(1-p(\boldsymbol{x}_i))\right] \\ &= \sum [y_i(\boldsymbol{w}\cdot\boldsymbol{x}_i) - \ln(1+\mathrm{e}^{\boldsymbol{w}\cdot\boldsymbol{x}_i})]\end{aligned}$$

机器学习中有个损失函数的概念，其衡量的是模型预测错误的程度。如果取整个数据集上的平均对数似然损失，可以得到

$$J(\boldsymbol{w}) = -\frac{1}{N}\ln L(\boldsymbol{w})$$

即，在逻辑回归模型中，最大化似然函数和最小化损失函数实际上是等价的。

求解逻辑回归的方法有非常多，这里主要介绍梯度下降和牛顿法。优化的主要目标是找到一个方向，参数朝这个方向移动之后使得损失函数的值能够减小，这个方向往往由一阶偏导或二阶偏导各种组合求得。逻辑回归的损失函数为

$$J(\boldsymbol{w}) = -\frac{1}{n}\sum_{i=1}^{n}[y_i \ln p(\boldsymbol{x}_i) + (1-y_i)\ln(1-p(\boldsymbol{x}_i))]$$

1. 梯度下降法（一阶收敛）

梯度下降是通过 $J(\boldsymbol{w})$ 对 $\boldsymbol{w}$ 的一阶导数来找下降方向，并且以迭代的方式来更新参数，更新方式为

$$g_i = \frac{\partial J(\boldsymbol{w})}{\partial w_i} = (p(\boldsymbol{x}_i)-y_i)\boldsymbol{x}_i$$

$$w_i^{k+1} = w_i^k - \alpha g_i$$

式中，k 为迭代次数；α 为设定的学习率。

停止迭代的条件如下：

1）到达最大迭代次数。

2）到达规定的误差精度，即 $\|J(w^{k+1}) - J(w^k)\|$ 小于等于设定的阈值。

2. 牛顿法（二阶收敛）

牛顿法的基本思路是，在现有极小点估计值的附近对 $f(x)$ 做二阶泰勒展开，进而找到极小点的下一个估计值。假设 w^k 为当前的极小值估计值，那么有

$$\varphi(\boldsymbol{w}) = J(w^k) + J'(w^k)(w - w^k) + \frac{1}{2}J''(w^k)(w - w^k)^2$$

然后令 $\varphi'(\boldsymbol{w}) = 0$，得到了 $w^{k+1} = w^k - \dfrac{J'(w^k)}{J''(w^k)}$。因此有迭代更新式：

$$w^{k+1} = w^k - \frac{J'(w^k)}{J''(w^k)} = w^k - \boldsymbol{H}_k^{-1} \cdot \boldsymbol{g}k$$

式中，$\boldsymbol{H}_k^{-1}$ 为海森矩阵：

$$\boldsymbol{H}_{mn} = \frac{\partial^2 J(\boldsymbol{w})}{\partial w_m \partial w_n} = h_w(\boldsymbol{x}^{(i)})(1 - p_w(\boldsymbol{x}^{(i)}))x_m^{(i)} x_n^{(i)}$$

此外，这个方法需要目标函数是二阶连续可微的，这里的 $J(\boldsymbol{w})$ 是符合要求的。

【拓展】牛顿法因为是二阶收敛，所以收敛速度很快，但是逆计算很复杂，代价比较大，计算量恐怖；梯度下降法，越接近最优值时，步长应该不断减小，否则会在最优值附近来回震荡，计算相对来说会简单一些。

这里用一个简单的示例来说明逻辑回归（见图 2-13），并使用梯度下降法和牛顿法进行参数估计。

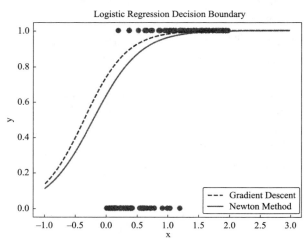

图 2-13 逻辑回归示例

```python
import numpy as np
import matplotlib.pyplot as plt
# 创建虚拟数据集
np.random.seed(42)
X = 2 * np.random.rand(100, 1)
y = 4 + 3 * X + np.random.randn(100, 1)
y = (y >6).astype(int)
# 标准化特征
mean = np.mean(X, axis=0)
std = np.std(X, axis=0)
X_standardized = (X - mean) / std
# 添加截距项到标准化后的特征矩阵 X
X_b = np.c_[np.ones((100, 1)), X_standardized]
# 使用梯度下降法进行参数估计
def sigmoid(z):
return 1 / (1 + np.exp(-z))
def gradient_descent(X, y, theta, learning_rate, n_iterations):
m = len(y)
for iteration in range(n_iterations):
scores = X.dot(theta)
predictions = sigmoid(scores)
error = predictions - y
gradients = X.T.dot(error) / m
theta -= learning_rate * gradients
return theta
# 初始化参数 theta
theta_gd = np.random.randn(2, 1)
# 定义学习率和迭代次数
learning_rate_gd = 0.1
n_iterations_gd = 1000
# 使用梯度下降法进行参数估计
theta_gd = gradient_descent(X_b, y, theta_gd, learning_rate_gd, n_iterations_gd)
# 输出梯度下降法估计得到的参数
print("梯度下降法参数估计结果:")
print("截距项theta0:", theta_gd[0][0])
print("斜率项theta1:", theta_gd[1][0])
# 使用牛顿法进行参数估计
def newton_method(X, y, theta, n_iterations):
m = len(y)
for iteration in range(n_iterations):
scores = X.dot(theta)
predictions = sigmoid(scores)
error = predictions - y
gradients = X.T.dot(error) / m
    hessian = X.T.dot(X) / m
theta -= np.linalg.inv(hessian).dot(gradients)
return theta
# 初始化参数 theta
theta_newton = np.random.randn(2, 1)
```

```python
# 定义迭代次数
n_iterations_newton = 10
# 使用牛顿法进行参数估计
theta_newton = newton_method(X_b, y, theta_newton, n_iterations_newton)
# 输出牛顿法估计得到的参数
print("牛顿法参数估计结果:")
print("截距项theta0:", theta_newton[0][0])
print("斜率项theta1:", theta_newton[1][0])
# 绘制虚拟数据集的散点图和逻辑回归决策边界
plt.scatter(X, y)
# 绘制梯度下降法得到的决策边界
x_min, x_max = X.min() - 1, X.max() + 1
xx = np.linspace(x_min, x_max, 100)
yy_gd = sigmoid(theta_gd[0] + theta_gd[1] * xx)
plt.plot(xx, yy_gd, label='Gradient Descent', color='blue',linestyle='--')
# 绘制牛顿法得到的决策边界
yy_newton = sigmoid(theta_newton[0] + theta_newton[1] * xx)
plt.plot(xx, yy_newton, label='Newton Method', color='red')
plt.xlabel('X')
plt.ylabel('y')
plt.title('Logistic Regression Decision Boundary')
plt.legend()
plt.show()
```

【输出结果】
梯度下降法参数估计结果为

截距项theta0: 1.0230779324466581
斜率项theta1: 2.9070170543594016

牛顿法参数估计结果为

截距项theta0: 0.5392888574328625
斜率项theta1: 2.650673940571399

显然，两个方法得到的结果不同，可能的原因是由于优化算法的不同性质和收敛速度。虽然梯度下降法和牛顿法都是用于优化问题的算法，但它们的原理和更新方式有所不同，因此可能导致在某些情况下得出不同的结果。

（1）更新方式

梯度下降法是一种基于一阶导数（梯度）的优化算法，它在每次迭代中朝着梯度的负方向更新参数，以减小损失函数。

牛顿法是一种基于二阶导数（海森矩阵）的优化算法，它在每次迭代中使用二阶导数信息来更新参数。相比梯度下降法，牛顿法通常可以更快地收敛到最优解。

（2）学习率的选择

在梯度下降法中，学习率是一个重要的超参数，它控制了每次迭代中参数的更新步长。过大或过小的学习率都可能导致性能问题。

牛顿法不需要手动设置学习率,因为它使用二阶导数来自适应地调整步长,通常可以避免梯度下降法中学习率选择的问题。

（3）Hessian 矩阵

牛顿法中的 Hessian 矩阵是二阶导数的矩阵,它在每次迭代中都要计算和求逆。对于高维数据集,Hessian 矩阵的计算和求逆可能非常耗时。

梯度下降法只需要计算一阶导数,所以在高维数据集中通常比牛顿法更高效。

由于梯度下降法和牛顿法的性质不同,它们在不同数据集和优化问题上的表现可能不同。在实际应用中,通常尝试不同的优化算法,并根据实际情况选择合适的算法来获得更好的参数估计结果。在某些情况下,牛顿法可能比梯度下降法更快地收敛,但也可能因为 Hessian 矩阵的计算复杂性而不适用于大规模数据集。因此,在选择优化算法时需要综合考虑问题的性质和数据集的规模。

2.4 非线性回归

非线性回归是指因变量与自变量之间的关系不能通过简单的线性函数来描述的回归模型。在非线性回归中,自变量与因变量之间的关系可以是曲线形状或其他非线性形式。非线性回归模型适用于数据存在复杂的关系或自变量与因变量之间的关系不是线性的情况。

2.4.1 多项式回归

多项式回归是一种非线性回归的方法,它通过引入多项式项来拟合自变量与因变量之间的关系。在多项式回归中,使用自变量的高次项来构建回归模型,从而适应数据中的非线性关系。

多项式回归的数学模型为

$$y = \beta_0 + \beta_1 x + \beta_2 x^2 + \beta_3 x^3 + \cdots + \beta_n x^n$$

式中,y 为因变量（输出变量）；x 为自变量（输入变量）；$\beta_0, \beta_1, \cdots, \beta_n$ 为回归系数,表示每个自变量对应的权重。

通过增加 x 的高次项（如 $x^2, x^3, \cdots, x^n$）,多项式回归可以更加灵活地拟合数据,并捕捉自变量与因变量之间的非线性关系。当 n 的值较大时,模型可以逼近非常复杂的函数形式。

多项式回归的优点是简单直观,易于理解和解释。它可以在简单的线性数据拟合不好的情况下,提供更好的拟合效果。然而,需要注意的是,过高的多项式次数可能导致过拟合问题,使得模型对训练数据过于敏感而在未知数据上表现较差。

在实际应用中,选择合适的多项式次数是至关重要的。一般来说,可以通过交叉验证等技术来评估不同多项式次数的模型性能,并找到一个最优的多项式次数,从而避免过拟合和欠拟合问题。

以下为一个多项式回归的简单示例（见图 2-14）。

```
import numpy as np
import matplotlib.pyplot as plt
```

```python
from sklearn.preprocessing import PolynomialFeatures
from sklearn.linear_model import LinearRegression
from sklearn.metrics import mean_squared_error
# 生成非线性数据集
np.random.seed(42)
X = 6 * np.random.rand(100, 1) - 3
y = 0.5 * X**2 + X + 2 + np.random.randn(100, 1)
# 创建多项式回归模型
degree = 3
polynomial_features = PolynomialFeatures(degree=degree)
X_poly = polynomial_features.fit_transform(X)
# 使用线性回归拟合多项式特征
model = LinearRegression()
model.fit(X_poly, y)
y_pred = model.predict(X_poly)
# 绘制拟合结果
plt.scatter(X, y, s=15, label="Data")
plt.plot(X, y_pred, color='red', label="Polynomial Regression")
plt.xlabel('X')
plt.ylabel('y')
plt.legend()
# 计算方均误差
mse = mean_squared_error(y, y_pred)
plt.title("Degree: %d, MSE: %.3f" % (degree, mse))
plt.show()
```

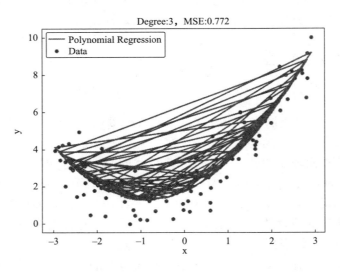

图2-14 多项式回归示例

在本示例中，生成一个非线性数据集，其中的 y 值是 X 的二次方加上线性项再加上随机噪声。然后，使用'PolynomialFeatures'将特征 X 转换为多项式特征，其中的'degree'参数指定了多项式的阶数。接着，使用线性回归模型拟合多项式特征，并绘制拟合结果。可以通过调整'degree'参数来尝试不同阶数的多项式回归拟合，并观察拟合效果的变化。

2.4.2 幂函数回归

幂函数回归是一种非线性回归方法，用于建立因变量 y 和自变量 x 之间呈现幂函数关系的模型。幂函数回归的数学模型为：

$$y = ax^b$$

式中，a 和 b 为回归系数，表示自变量 x 对应的权重。

幂函数回归中由于包含 x^b 的项，因此 x 和 y 之间的关系是非线性的。当 $b = 1$ 时，模型退化为线性回归。尽管幂函数回归本身是非线性的，但是可以通过取对数将其线性化，将幂函数回归 $y = ax^b$ 取对数，得到 $\ln(y) = \ln(a) + b\ln(x)$。通过这样的线性化，可以将幂函数回归问题转换为一个线性回归问题。

在进行幂函数回归时，需要估计回归系数 a 和 b 的值，可以使用最小二乘法等统计方法来拟合数据并找到最优的回归系数。在模型评估时，通常使用拟合优度、方均误差（MSE）或其他适当的评估指标来评估模型的拟合程度和预测精度。

幂函数回归在实际应用中具有广泛的应用，特别是当因变量和自变量之间的关系呈现指数增长或衰减时，幂函数回归能够更好地拟合数据。需要注意的是，幂函数回归虽然在一些情况下能够提供较好的拟合效果，但在应用中也需要谨慎选择，特别是当 b 值较大或较小时，模型可能会对数据非常敏感，产生不稳定的结果。因此，根据实际问题和数据特点来选择适当的回归模型是非常重要的。

以下为一个幂函数回归的简单示例（见图 2-15）。

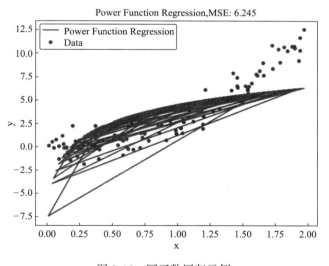

图 2-15 幂函数回归示例

```
import numpy as np
import matplotlib.pyplot as plt
from sklearn.linear_model import LinearRegression
from sklearn.metrics import mean_squared_error
# 生成幂函数回归数据集
np.random.seed(42)
```

```
X = 2 * np.random.rand(100, 1)
y = 3 * X**2 + np.random.randn(100, 1)
# 将自变量 x 取对数，因变量 y 保持原样
X_log = np.log(X)
y_original = y
# 使用线性回归拟合对数后的自变量和原始因变量
model = LinearRegression()
model.fit(X_log, y_original)
y_pred = model.predict(X_log)
# 绘制拟合结果
plt.scatter(X, y_original, s=15, label="Data")
plt.plot(X, y_pred, color='red', label="Power Function Regression")
plt.xlabel('X')
plt.ylabel('y')
plt.legend()
# 计算方均误差
mse = mean_squared_error(y_original, y_pred)
plt.title("Power Function Regression, MSE: %.3f" % mse)
plt.show()
```

在这个示例中，生成一个幂函数回归的数据集，其中 y 和 X 之间的关系为 $y = 3x^2 + \varepsilon$。为了使用线性回归拟合这个幂函数回归，将自变量 X 取对数，然后使用线性回归拟合对数后的自变量 X_log 和原始因变量 y_original。最后，绘制了拟合结果，将自变量 X 恢复为原始值，并计算了方均误差来评估拟合的性能。

请注意，对于幂函数回归，需要考虑自变量和因变量的取值范围，并根据实际问题来选择合适的数据变换方式。在这个示例中，对自变量取了对数，因为幂函数回归的问题可以通过对自变量取对数后进行线性回归来解决。

2.4.3 常见非线性回归模型

1）双曲线回归为

$$y = \frac{a}{b+cx}$$

适用于因变量与自变量之间存在双曲线关系的问题。

2）指数回归为

$$y = ab^x$$

适用于因变量与自变量之间存在指数关系的问题。

3）S 形曲线回归为

$$\frac{y}{1-y} = \beta_0 + \beta_1 x + \beta_2 x^2$$

适用于因变量随着自变量增加呈现 S 形变化的问题。

4）正弦曲线回归为

$$y = a\sin(bx+c)$$

适用于因变量与自变量之间呈现正弦函数关系的问题。

2.5 正则化回归方法

正则化的意义：避免过拟合。

模型如果很复杂，变量值稍微变动一下，就会引起预测精度的问题。正则化就是通过对模型参数进行调整（数量和大小），降低模型的复杂度，以达到可以避免过拟合的效果。

主要思想：保留所有的特征变量，惩罚所有变量，让每个特征变量对结果的影响值变小，这样拟合出来的模型才会更光滑更简单，从而减少过拟合的可能性。

如果不加入正则化项，目标是最小化损失函数，即经验风险最小化；加入正则化后，不再是最小化损失函数了，而是变成以最小化损失和复杂度为目标，即结构风险最小化。那么，现在训练优化算法变成了由两项内容组成的函数：一个为损失项，用于衡量模型与数据的拟合度；另一个为正则化项，用于衡量模型复杂度。

以多元线性回归模型为例，多元线性回归的损失函数是离差平方和的形式，即最小二乘估计，公式如下：

$$\sum_{i=1}^{n}\left(y_i - \sum_{j=1}^{p}x_{ij}\beta_j\right)^2$$

如果想通过正则化降低模型复杂度，可以在损失函数的基础上线性添加一个正则化项，就得到了一个新的结构风险函数：

$$\sum_{i=1}^{n}\left(y_i - \sum_{j=1}^{p}x_{ij}\beta_j\right)^2 + \lambda\sum_{j=1}^{p}\beta_j^2$$

这里添加了一个 L2 正则化项，可以直观看到，在所有参数二次方和前乘以了一个参数 λ，把它称之为正则化系数或惩罚系数。这个系数是调节模型好坏的关键参数。下面通过两个极端情况说明它是如何调节模型复杂度的：

1）λ 为 0，损失函数将与原来损失函数一样，说明对参数权重 β 没有任何惩罚。

2）λ 为无穷大，在惩罚系数无穷大时，为保证整个结构风险函数最小化，只能通过最小化所有权重系数 β 达到目的。即，通过 λ 的惩罚降低参数的权重值，在降低参数权重值的同时就实现了降低模型复杂度的效果。

当然，具体的惩罚程度还需要调节 λ 值来达到一个平衡点，过度的惩罚会让模型出现欠拟合的情况。

常用的正则化有两种：L1 和 L2。L1 为参数绝对值求和，L2 为参数二次方求和。

$$L_1 = \sum_{i=1}^{n}|w_i| = |w_1| + |w_2| + \cdots + |w_n|$$

$$L_2 = \sum_{i=1}^{n}w_i^2 = w_1^2 + w_2^2 + \cdots + w_n^2$$

一般把带有 L1 正则化项的回归模型叫作 LASSO 回归，而把带有 L2 正则化项的回归叫作岭回归。

2.5.1　L2 正则化：岭回归

在通过最小二乘法推导出多元线性回归的求解公式：

$$\widetilde{\beta} = (X^\mathrm{T} X)^{-1} X^\mathrm{T} y$$

上式中，X 不能为奇异矩阵，否则无法求解矩阵的逆。而岭回归的提出恰好可以很好解决这个问题，思路为在原先的 β 的最小二乘估计中加一个小扰动 λI，这样就可以保证矩阵的逆可以求解，使得问题稳定。其公式如下：

$$\widetilde{\beta} = (X^\mathrm{T} X + \lambda I)^{-1} X^\mathrm{T} y$$

既然想最小化结构风险函数，那么可以通过限制其中的正则项来达到目的，因此可以将原来的结构风险函数变成另一种问题形式。

$$\sum_{i=1}^{n}\left(y_i - \sum_{j=1}^{p} x_{ij}\beta_j\right)^2 + \lambda \sum_{j=1}^{p}\beta_j^2$$

$$\Downarrow$$

$$\widetilde{\beta} = \arg\min \sum_{i=1}^{n}\left(y_i - \sum_{j=1}^{p} x_{ij}\beta_j\right)^2$$

$$\text{使得}\sum_{j=1}^{p}\beta_i^2 \leqslant t$$

上式对 β 的二次方和做数值上界限定，即所有 β 的二次方和不超过参数 t。这相当于拆分了原来的结构化分险函数，目标就转换为最小化原来的训练样本误差，但是要遵循 β 二次方和小于 t 的条件。

2.5.2　L1 正则化：LASSO 回归

LASSO 回归形式上与岭回归非常相似，只是将二次方换成了绝对值，有

$$\sum_{i=1}^{n}\left(y_i - \sum_{j=1}^{p} x_{ij}\beta_j\right)^2 + \lambda \sum_{j=1}^{p}|\beta_j|$$

$$\Downarrow$$

$$\widetilde{\beta} = \arg\min \sum_{i=1}^{n}\left(y_i - \sum_{j=1}^{p} x_{ij}\beta_j\right)^2$$

$$\text{使得}\sum_{j=1}^{p}|\beta_j| \leqslant t$$

正则化的过程为损失函数加上正则化系数 λ 乘以 L1 或 L2 正则化表达式。其中，λ 决定惩罚力度，过大可能会欠拟合，过小无法解决过拟合。其作用如下：

1）L1 正则化，是通过稀疏化（减少参数数量）来降低模型复杂度的，即可以将参数值减小到 0。

2）L2 正则化，是通过减小参数值来降低模型复杂度的，即只能将参数值不断减小但永远不会减小到 0。

以下为一个线性回归正则化的例子：

```python
import numpy as np
import matplotlib.pyplot as plt
from sklearn.linear_model import Ridge, Lasso
from sklearn.metrics import mean_squared_error
# 生成线性数据集
np.random.seed(42)
X = 2 * np.random.rand(100, 1)
y = 4 + 3 * X + np.random.randn(100, 1)
# 定义岭回归和 LASSO 回归的 alpha 值
alpha_ridge = 10.0
alpha_lasso = 0.1
# 创建岭回归模型和 LASSO 回归模型
ridge_model = Ridge(alpha=alpha_ridge)
lasso_model = Lasso(alpha=alpha_lasso)
# 使用岭回归拟合数据
ridge_model.fit(X, y)
y_pred_ridge = ridge_model.predict(X)
# 使用 LASSO 回归拟合数据
lasso_model.fit(X, y)
y_pred_lasso = lasso_model.predict(X)
# 绘制拟合结果
plt.scatter(X, y, s=15, label="Data")
plt.plot(X, y_pred_ridge, color='red', label="Ridge Regression (Smooth)", linestyle='--')
plt.plot(X, y_pred_lasso, color='blue', label="Lasso Regression (Steep)", linestyle=':')
plt.xlabel('X')
plt.ylabel('y')
plt.legend()
# 计算岭回归和 LASSO 回归的方均误差
mse_ridge = mean_squared_error(y, y_pred_ridge)
mse_lasso = mean_squared_error(y, y_pred_lasso)
plt.title("Ridge Regression MSE: %.3f, Lasso Regression MSE: %.3f" % (mse_ridge, mse_lasso))
plt.show()
```

在这个示例中，生成一个线性数据集，其中 y 是 X 的线性函数再加上随机噪声。然后，创建了岭回归和 LASSO 回归模型，并分别用它们拟合数据。最后，绘制了拟合结果（见图 2-16），并计算了岭回归和 LASSO 回归的方均误差。

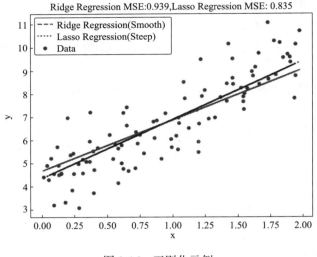

图 2-16　正则化示例

请注意，岭回归和 LASSO 回归都是正则化线性回归的方法，它们通过引入正则化项来约束模型的复杂度，防止过拟合。在实际应用中，可以根据数据的特点和问题的需求来选择合适的正则化方法和超参数（如 alpha 值）。

2.6　本章小结

回归分析是一类重要的监督学习算法，用于建立预测连续型输出变量与输入变量之间关系的模型。回归模型可以帮助理解自变量与因变量之间的关联，并用于对未知数据进行预测。

线性回归：线性回归是回归分析中最基本的方法之一。它假设因变量与自变量之间存在线性关系。最简单的一元线性回归考虑单个自变量，而多元线性回归则涉及多个自变量。线性回归的目标是通过找到最优系数，使得模型拟合数据最好，来建立一个线性方程。

非线性回归：当因变量与自变量之间存在非线性关系时，线性回归的拟合效果可能不佳。非线性回归允许建立更复杂的函数关系，以更好地拟合非线性数据。多项式回归是一种常见的非线性回归方法，它通过引入自变量的高次幂作为新的特征来拟合数据。

逻辑回归：逻辑回归是一种特殊的回归方法，用于解决二分类问题，即因变量只有两种可能的取值。逻辑回归通过使用逻辑函数（sigmoid 函数）将线性回归的输出映射到 0 和 1 之间的概率，用于预测分类标签。

正则化：在回归问题中，过度复杂的模型可能会导致过拟合，即在训练集上表现很好但在新数据上表现较差。为了避免过拟合，可以使用正则化技术，如岭回归和 LASSO 回归。这些方法引入正则化项，约束模型的复杂度，从而提高模型的泛化能力。

回归算法在数据分析、预测、建模等领域都有广泛的应用。根据问题的特点和数据的性质，选择合适的回归方法，包括线性回归、非线性回归和逻辑回归，并应用正则化技术，可以提高模型的性能和鲁棒性。在实际应用中，特征工程、数据预处理和模型评估等步骤对于建立准确、可解释的回归模型至关重要。

第 3 章 聚类分析的原理、模型与实现

3.1 聚类概述

本章主要学习聚类（Clustering）。聚类是数据挖掘领域的一大重要分支，也可以说是大数据领域最常用的分析工具了。本章介绍最常用的几种聚类方法，包括 k 均值聚类（k-means）、DBSACN 聚类和层次聚类。这三种方法分别代表了三种常见的聚类思路。同时，本章也分别列举了相应的聚类举例。

3.1.1 什么是聚类

首先，聚类是什么呢？聚类是将物理或抽象对象的集合分成由类似的对象组成的多个类的过程。简单来说，就是把研究对象依据各自的属性分为多个类别，也叫"簇"（Clusters）。

对聚类算法来说，要告诉它的只有数据样本的属性，没有标签（每一个数据样本都不知道属于哪个类别）。输入数据后，聚类算法自己对数据的属性特征分析并"理解"，从中学习到怎么去把样本区分开，并形成类别。因此，聚类是一种无监督学习，也就是没有事先给予样本标签来"监督"算法。

由聚类所生成的簇是一组数据对象的集合，这些对象与同一个簇中的对象彼此相似，与其他簇中的对象相异。"物以类聚，人以群分"，在自然科学和社会科学中，存在着大量的聚类问题。

3.1.2 聚类的要求

可伸缩性：许多聚类算法在小于 200 个数据对象的小数据集合上工作得很好；但是，一个大规模数据库可能包含几百万个对象，在这样的大数据集合样本上进行聚类可能会导致有偏的结果，需要具有高度可伸缩性的聚类算法。

处理不同类型数据的能力：许多算法被设计用来聚类数值类型的数据。但是，应用可能要求聚类其他类型的数据，如二元类型（binary）、分类/标称类型（categorical/nominal）、序数型（ordinal）数据或者这些数据类型的混合。

发现任意形状的聚类：许多聚类算法基于欧几里得或者曼哈顿距离度量来决定聚类。基于这样的距离度量的算法趋向于发现具有相近尺度和密度的球状簇。但是，一个簇可能是任意形状的，提出能发现任意形状簇的算法是很重要的。

用于决定输入参数的领域知识最小化：许多聚类算法在聚类分析中要求用户输入一定的参数，如希望产生的簇的数目。聚类结果对于输入参数十分敏感。参数通常很难确定，特别是对于包含高维对象的数据集来说。这样不仅加重了用户的负担，也使得聚类的质量难以控制。

处理"噪声"数据的能力：绝大多数现实中的数据库都包含了孤立点、缺失或者错误的数据。一些聚类算法对这样的数据敏感，可能导致低质量的聚类结果。

对于输入记录的顺序不敏感：一些聚类算法对于输入数据的顺序是敏感的。例如，同一个数据集合，当以不同的顺序交给同一个算法时，可能生成差别很大的聚类结果。开发对数据输入顺序不敏感的算法具有重要的意义。

高维度（high dimensionality）：一个数据库或者数据仓库，可能包含若干维或者属性。许多聚类算法擅长处理低维的数据，可能只涉及两到三维。人类的眼睛在最多三维的情况下能够很好地判断聚类的质量。在高维空间中聚类数据对象是非常有挑战性的，特别是考虑到这样的数据可能分布非常稀疏，而且高度偏斜。

基于约束的聚类：现实世界的应用可能需要在各种约束条件下进行聚类。假设要在一个城市中为给定数目的自动提款机选择安放位置，为了做出决定，你可以对住宅区进行聚类，同时考虑如城市的河流和公路网，每个地区的客户要求等情况。要找到既满足特定的约束，又具有良好聚类特性的数据分组，是一项具有挑战性的任务。

可解释性和可用性：用户希望聚类结果是可解释的、可理解的和可用的。也就是说，聚类可能需要和特定的语义解释和应用相联系。应用目标如何影响聚类方法的选择也是一个重要的研究课题。

3.1.3 聚类的计算方法

聚类分析的基本原理是根据观测对象自身的属性，用数学方法按照某种相似性或相异性指标，定量地确定观测对象之间的亲疏关系，并按照亲疏程度对观测对象进行组别划分。聚类分析的目标是，使同一个组别中的对象具有尽可能高的相似性，而使不同组别的对象相似性较低。为了得到比较合理的聚类结果，首先需要选取适当的指标来描述对象之间的亲疏关系；其次则需要选择合适的聚类算法，包括划分方法、层次方法、基于密度的方法以及基于模型的方法等，均是可供选择的算法。聚类的主要计算方法如图3-1所示。

1. 划分方法（partitioning method）

给定一个有 n 个元组或者纪录的数据集，分裂法将构造 k 个分组，每一个分组就代表一个聚类，$k<n$。而且这 k 个分组满足下列条件：

1）每一个分组至少包含一个数据纪录。

2）每一个数据纪录属于且仅属于一个分组（注意：这个要求在某些模糊聚类算法中可以放宽）；对于给定的 k，算法首先给出一个初始的分组方法，以后通过反复迭代的方法改变分组，使得每一次改进之后的分组方案都较前一次好。而所谓好的标准就是，同一分组中的记录越近越好，而不同分组中的纪录越远越好。使用这个基本思想的算法有 k-means 算法、k-medoids 算法、clarans 算法。

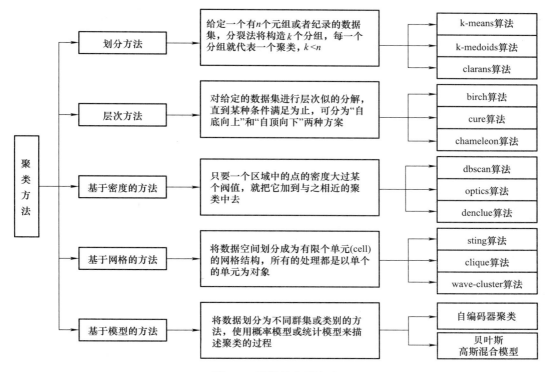

图 3-1　聚类的主要方法

大部分划分方法是基于距离的。给定要构建的分区数 k，划分方法首先创建一个初始化划分。然后，它采用一种迭代的重定位技术，通过把对象从一个组移动到另一个组来进行划分。一个好的划分的一般准备是，同一个簇中的对象尽可能相互接近或相关，而不同的簇中的对象尽可能远离或不同。还有许多评判划分质量的准则。传统的划分方法可以扩展到子空间聚类，而不是搜索整个数据空间。当存在很多属性并且数据稀疏时，这是有用的。为了达到全局最优，基于划分的聚类可能需要穷举所有可能的划分，计算量极大。实际上，大多数应用都采用了流行的启发式方法，如 k-means 和 k-medoids 算法，渐近地提高聚类质量，逼近局部最优解。这些启发式聚类方法很适合发现中小规模的数据库中的球状簇。为了发现具有复杂形状的簇和对超大型数据集进行聚类，需要进一步扩展基于划分的方法。

2. 层次方法（hierarchical method）

这种方法对给定的数据集进行层次似的分解，直到某种条件满足为止，具体又可分为"自底向上"和"自顶向下"两种方案。例如，在"自底向上"方案中，初始时每一个数据纪录都组成一个单独的组，在接下来的迭代中，它把那些相互邻近的组合并成一个组，直到所有的记录组成一个分组或者某个条件满足为止。其代表算法有 birch 算法、cure 算法、chameleon 算法等。

层次聚类方法可以是基于距离的，或是基于密度或连通性的。层次聚类方法的一些扩展也考虑了子空间聚类。层次方法的缺陷在于，一旦一个步骤（合并或分裂）完成，它就不能被撤销。这个严格规定是有用的，因为不用担心不同选择的组合数目，它将产生较小的计算开销。然而这种技术不能更正错误的决定。现已经提出了一些提高层次聚类质量的方法。

3. 基于密度的方法（density-based method）

基于密度的方法与其他方法的一个根本区别是，它不是基于各种各样的距离的，而是基于密度的。这样就能克服基于距离的算法只能发现"类圆形"的聚类的缺点。这个方法的指导思想就是，只要一个区域中的点的密度大过某个阀值，就把它加到与之相近的聚类中去。其代表算法有 dbscan 算法、optics 算法、denclue 算法等。

4. 基于网格的方法（grid-based method）

这种方法首先将数据空间划分成为有限个单元（cell）的网格结构，所有的处理都是以单个的单元为对象的。这么处理的一个突出的优点就是处理速度很快，通常这是与目标数据库中记录的个数无关的，它只与把数据空间分为多少个单元有关。代表算法有 sting 算法、clique 算法、wave-cluster 算法。

对于很多空间数据挖掘问题，网格通常都是一种有效的方法。因此，基于网格的方法可以和其他聚类方法集成。

5. 基于模型的方法（model-based method）

基于模型的方法给每一个聚类假定一个模型，然后去寻找能够很好地满足这个模型的数据集。这样一个模型可能是数据点在空间中的密度分布函数或者其他。它的一个潜在的假定就是，目标数据集是由一系列的概率分布所决定的。通常有两种尝试方向：统计的方案和神经网络的方案。

当然聚类方法还有传递闭包法、布尔矩阵法、直接聚类法、相关性分析聚类、基于统计的聚类方法等。

3.1.4 聚类的应用

聚类分析已经广泛地应用于很多领域。在交通领域，面临新型城镇化和快速机动化的挑战，在许多情况下仅凭过往经验和专业知识不能准确地对研究对象进行分类，聚类分析作为无监督学习算法已经成为城市交通大数据分析中的常用方法之一。在城市交通数据分析中，聚类分析的主要功能包括简化表征和归并聚焦两个方面：

1）简化表征，即简化观测对象的属性表征以便于关联分析。借助"物以类聚"的特点，将海量研究对象多样的模式类型和繁杂的关联关系归结为有限类型，从而为关联关系创造条件。

2）归并聚焦，即对观测对象进行归并分类以便进行案例剖析。由于城市交通呈现纷繁复杂的状态和变化，将需要研究的问题归并为有限的类型，既可以聚焦小样本问卷调查的调查对象，也有助于通过深入案例剖析发现内在规律。

3.1.5 聚类效果评价指标

聚类的评价指标用于衡量聚类算法对数据的拟合效果，评估聚类结果的质量。下面列出了几种常见的聚类评价指标及其计算方法：

1. SSE（Sum of Squared Errors）

SSE 是 k-means 算法的优化目标，表示每个数据点到其所属簇的中心的距离之和。其计算方法如下：

$$\mathrm{SSE} = \sum_{i=1}^{k} \sum_{x \in C_i} |x - \mu_i|^2$$

式中，k 为簇的数量；C_i 为第 i 个簇中的所有数据点；μ_i 为第 i 个簇的中心点。

```
from sklearn.cluster import KMeans
# 假设已经有数据集 X 和设定好的聚类数量 k
kmeans = KMeans(n_clusters=k)
kmeans.fit(X)
sse = kmeans.inertia_
print("SSE:", sse)
```

2. 轮廓系数（Silhouette Coefficient）

轮廓系数综合了聚类内部的紧密度和聚类间的分离度。对于每个数据点，轮廓系数计算如下：

$$\mathrm{SC} = \frac{b - a}{\max(a, b)}$$

式中，a 为数据点与同簇其他点的平均距离；b 为数据点与最近不同簇的其他点的平均距离。轮廓系数的取值范围在 [−1, 1] 之间，越接近 1 表示聚类效果越好。

```
from sklearn.metrics import silhouette_score
# 假设已经有数据集 X 和对应的聚类结果 labels
silhouette_avg = silhouette_score(X, labels)
print("Silhouette Coefficient:", silhouette_avg)
```

3. Calinski-Harabasz 指数

Calinski-Harabasz 指数是一个聚类评估指标，它是聚类间离差二次方和与聚类内离差二次方和之比。其计算方法如下：

$$\mathrm{CHI} = \frac{\mathrm{Tr}(B_k)}{\mathrm{Tr}(W_k)} \frac{N - k}{k - 1}$$

式中，B_k 为聚类间离差矩阵；W_k 为聚类内离差矩阵；N 为数据点的总数；k 为簇的数量。

```
from sklearn.metrics import calinski_harabasz_score
# 假设已经有数据集 X 和对应的聚类结果 labels
ch_score = calinski_harabasz_score(X, labels)
print("Calinski-Harabasz Index:", ch_score)
```

4. Davies-Bouldin 指数

Davies-Bouldin 指数是一种衡量聚类效果的指标，它计算簇内样本之间的平均距离和簇中心之间的距离，并将两者相加。其计算方法如下：

$$DBI = \frac{1}{k} \sum_{i=1, j \neq i}^{k} \max\left(\frac{\sigma_i + \sigma_j}{d(c_i, c_j)} \right)$$

式中，k 为簇的数量；c_i 为第 i 个簇的中心点；σ_i 为第 i 个簇内样本之间的平均距离；$d(c_i, c_j)$ 为第 i 个簇中心点与第 j 个簇中心点之间的距离。

```
from sklearn.metrics import davies_bouldin_score
# 假设已经有数据集 X 和对应的聚类结果 labels
dbi_score = davies_bouldin_score(X, labels)
print("Davies-Bouldin Index:", dbi_score)
```

5. 轮廓图（Silhouette Plot）

轮廓图是一种可视化工具，显示不同簇数量下的轮廓系数。通过观察轮廓图，可以找到最优的聚类数量。

以上评价指标可以帮助选择合适的聚类算法和参数，但并非唯一标准。在实际应用中，需要根据数据集的特点和具体任务来选择最合适的评价指标。上述 Python 程序示例中，X 是特征矩阵，labels 是每个数据点对应的聚类标签（从 0 到 k-1），需要根据数据集和聚类模型结果来替换这些变量。

3.2 k-means 聚类

k-means 聚类是一种无监督学习算法，用于将数据集中的样本点分成 k 个不同的簇，使得每个样本点都属于与其最近的簇的中心。下面是一个使用 Python 的 scikit-learn 库实现 k-means 聚类的简单示例。

```
import numpy as np
import matplotlib.pyplot as plt
from sklearn.cluster import KMeans
from sklearn.datasets import make_blobs
# 创建一个示例数据集
X, _ = make_blobs(n_samples=300, centers=4, random_state=42)
# 使用 kmeans 聚类算法
kmeans = KMeans(n_clusters=4, random_state=42)
y_pred = kmeans.fit_predict(X)
# 获取聚类中心
centers = kmeans.cluster_centers_
# 可视化聚类结果
plt.scatter(X[:, 0], X[:, 1], c=y_pred, cmap='viridis')
plt.scatter(centers[:, 0], centers[:, 1], c='red', marker='x', s=200,
label='Cluster Centers')
```

```
plt.xlabel('Feature 1')
plt.ylabel('Feature 2')
plt.title('K-means Clustering')
plt.legend()
plt.show()
```

在这个示例中，使用 scikit-learn 库中的 make_blobs 函数生成一个包含 4 个簇的示例数据集。然后，使用 KMeans 类来进行聚类，指定 n_clusters = 4 表示希望聚类成 4 个簇，random_state = 42 这意味着每次运行该示例时，聚类算法都会以相同的方式选择初始聚类中心，从而得到相同的聚类结果。之后，使用聚类结果绘制了数据点和聚类中心的散点图。

请确保已经安装了 scikit-learn 库（使用 pip install scikit-learn）。运行这个示例，会得到一个展示 k-means 聚类结果的散点图，如图 3-2 所示。

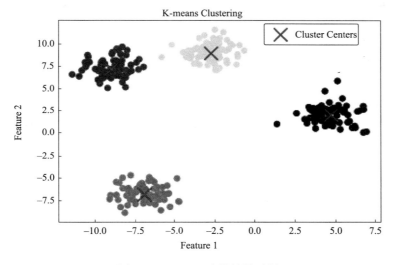

图 3-2 k-means 聚类结果示例

可以看出，k-means 聚类将数据分成了 4 个簇，分别用不同的颜色表示。每个簇都有一个 Cluster Center，保证了每个样本点与其所属簇的聚类中心之间的二次方距离最小。

3.2.1 k-means 聚类原理

k-means 聚类是一种常用的聚类算法，用于将数据集中的样本分成 k 个不同的簇，使得每个样本点都属于与其最近的簇的中心。k-means 聚类的原理可以概括为以下几个步骤：

步骤 1 初始化。选择 k 个初始的聚类中心点，可以随机选择数据集中的 k 个样本点作为初始中心，或者根据某种启发式算法选择初始中心。

步骤 2 分配阶段。对于每个样本点，计算其与所有聚类中心的距离，将该样本分配给距离最近的聚类中心所在的簇。

步骤 3 更新阶段。对于每个簇，计算其所有样本点的均值，得到新的聚类中心。

步骤 4 重复分配和更新。重复执行分配和更新阶段，直到聚类中心不再发生显著变化，或者达到预定的迭代次数。

步骤 5 终止。算法收敛后，即找到了合适的聚类中心和簇划分。

k-means 的目标是最小化样本点与其所属簇的聚类中心之间的二次方距离的总和，即所谓的"误差二次方和（SSE）"或"inertia"。该目标函数可以表示为

$$\text{SSE} = \sum_{i=1}^{k} \sum_{x \in C_i} \|x - \mu_i\|^2$$

式中，C_i 为第 i 个簇；μ_i 为第 i 个簇的聚类中心。

需要注意的是，k-means 聚类算法可能陷入局部最优解，因为初始聚类中心的选择可能影响最终的聚类结果。为了尽量避免陷入局部最优，可以多次运行 k-means 聚类算法，并选择其中具有最小误差二次方和的结果作为最终的聚类结果。

此外，k-means 聚类算法对于数据集中的异常值比较敏感，可能导致聚类结果不佳。因此，在使用 k-means 聚类算法之前，通常需要对数据进行预处理，如去除异常值或进行数据归一化等。

3.2.2 k-means 聚类优缺点

k-means 聚类算法具有以下优点和缺点：

（1）优点

1）简单而高效。k-means 聚类算法简单易实现，计算速度较快，适用于处理大规模数据集。

2）可解释性强。k-means 聚类算法的聚类结果较为直观，每个样本点都被分配到最近的聚类中心，易于解释和理解。

3）可伸缩性。k-means 聚类算法在处理大规模数据时，具有良好的可伸缩性和可并行化的特性，可以通过并行计算加速处理过程。

（2）缺点

1）需要事先确定聚类数目。k-means 聚类算法需要事先指定聚类的数量 k，但对于一些实际问题 k 值可能是不可预知的，且 k 值选择不合适可能导致聚类结果不佳。

2）对初始聚类中心敏感。k-means 聚类算法对初始聚类中心的选择非常敏感，不同的初始值可能导致不同的聚类结果，且可能收敛到局部最优解。

3）对异常值敏感。k-means 聚类算法对异常值（离群点）非常敏感，异常值可能会对聚类结果产生较大的影响。

4）仅适用于数值型数据。k-means 聚类算法基于距离度量进行聚类，因此只适用于数值型数据，对于分类变量或文本数据需要进行适当的处理。

5）球形聚类假设。k-means 聚类算法假设聚类簇是凸形的，并且各簇的方差相等，这在某些数据集上可能不成立，导致聚类效果不佳。

k-means 聚类算法是一种简单而高效的聚类算法，适用于处理大规模数据集。然而，它需要事先确定聚类数量，对初始聚类中心敏感，对异常值敏感，并且对数据类型有一定的限制。在实际应用中，需要根据具体问题的特点和数据的性质来选择适合的聚类算法。基于上述缺陷，本节主要介绍两种 k-means 聚类调优和改进算法：K-Means++、MiniBatch K-Means。

3.2.3 k-means 聚类调优和改进算法

1. k-means++ 聚类算法

k-means++ 聚类算法是一种改进的 k-means 聚类算法，旨在更好地选择初始聚类中心，从而改善 k-means 聚类算法的聚类结果。传统的 k-means 聚类算法在选择初始聚类中心时是随机选择的，这可能导致聚类结果的不稳定性和收敛速度较慢。k-means++ 聚类算法通过引入概率性的方法选择初始聚类中心，能够更好地初始化聚类中心，提高算法的性能。

k-means++ 聚类算法的步骤如下：

步骤 1 初始化。从数据集中随机选择一个样本点作为第一个聚类中心。

步骤 2 计算距离。对于每个样本点，计算它与已选中聚类中心的最短距离（即到最近的聚类中心的距离）。

步骤 3 选择下一个聚类中心。根据距离计算的结果，以概率的方式选择下一个聚类中心。具体而言，选择距离较远的样本点作为下一个聚类中心的候选点，概率与其距离的二次方成正比。

步骤 4 重复步骤 2 和步骤 3，直到选取 k 个聚类中心。

步骤 5 运行 k-means 聚类算法。使用选取的初始聚类中心作为起始点运行传统的 k-means 聚类算法，即将每个样本点分配到最近的聚类中心，并更新聚类中心的位置，直到收敛为止。

k-means++ 聚类算法通过引入概率性的选择方式，能够更好地初始化聚类中心，使得初始聚类中心更具代表性和多样性。相比于随机选择初始聚类中心，k-means++ 聚类算法能够减少聚类结果的偏差，并且在大多数情况下能够更快地收敛到全局最优解。

总结起来，k-means++ 聚类算法通过优化初始聚类中心的选择，改善了传统 k-means 聚类算法的聚类结果和收敛速度。它在实际应用中被广泛采用，可以提高聚类的准确性和稳定性。

```
from sklearn.cluster import KMeans
# 创建 KMeans 对象并指定 n_clusters 为聚类数量 k
kmeans = KMeans(n_clusters=k, init='k-means++')
```

初始化 KMeans 对象时，通过参数 init = 'k-means++' 来使用 k-means++ 聚类算法初始化，而不是随机初始化。

2. MiniBatch k-means 聚类算法

MiniBatch k-means 聚类算法是 k-means 聚类算法的一个变种，它使用小批量（mini-batch）来减少计算时间，多个批次尝试优化相同的目标函数。小批量是输入数据的子集，在每次训练迭代中随机抽样。这些小批量的子集大大减少了收敛到局部解所需的计算量。与其他降低 k-means 聚类算法收敛时间的算法不同，小批量 k-means 聚类算法产生的结果通常只比标准算法略差。

该算法在两个步骤之间进行迭代，类似 vanilla k-means 聚类算法。在第一步，样本是从数据集中随机抽取的，形成一个小批量；然后将它们分配到最近的质心。在第二步，质心被更新。与 k-means 聚类算法不同，该变种算法是基于每个样本（per-sample）的。对于小批量中的每个样本，通过取样本的流平均值（streaming average）和分配给该质心的所有先前样本来更新分配的质心。这具有随时间降低质心的变化率（rate of change）的效果。执行这些步骤直到达到收敛或达到预定次数的迭代。

```
from sklearn.cluster import MiniBatchKMeans
# 创建 MiniBatchKMeans 对象并指定 n_clusters 为聚类数量 k 和 batch_size
kmeans = MiniBatchKMeans(n_clusters=k, batch_size=batch_size)
```

创建 MiniBatchKMeans 对象时，通过参数 n_clusters 来指定聚类数量 k，通过参数 batch_size 来指定批量大小。

MiniBatch k-means 聚类算法收敛速度比 k-means 聚类算法快，但是结果的质量会降低。在实践中，两者质量差异可能相当小。图 3-3 所示为 MiniBatch k-means 聚类算法与 k-means 聚类算法的示例对比。

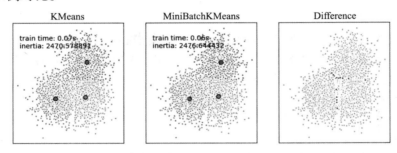

图 3-3　MiniBatch k-means 聚类算法与 k-means 聚类算法的示例对比

3.3　层次聚类

前面介绍的 k-means 聚类算法是直接把样本分成若干个群，而现在讨论的层次聚类就是通过聚类算法把样本根据距离分成若干大群，大群之间相异，大群内部相似，而大群内部又当成一个全局的样本空间，再继续划分成若干小群，小群之间相异，小群内部相似。这就是层次聚类的思想。最后形成的是一棵树的结构。层次聚类算法的优点是，它允许绘制树状图（二进制层次聚类的可视化），这有助于解释创建有意义分类的结果。这种分层方法的另一个优点是不需要预先指定集群数目。在 Python 中，可以使用 scikit-learn 库来实现层次聚类（Hierarchical Clustering）。以下是一个简单的层次聚类的示例：

```
import numpy as np
import matplotlib.pyplot as plt
from sklearn.cluster import AgglomerativeClustering
# 创建一个示例数据集，包含无规则散点
np.random.seed(42)
X = np.random.rand(200, 2)
# 使用层次聚类算法
agg_clustering = AgglomerativeClustering(n_clusters=4)
```

```
y_pred = agg_clustering.fit_predict(X)
# 可视化聚类结果
plt.scatter(X[:, 0], X[:, 1], c=y_pred, cmap='viridis', s=50)
plt.xlabel('Feature 1')
plt.ylabel('Feature 2')
plt.title('Hierarchical Clustering with Irregular Scatter')
plt.show()
```

上述代码，生成了一个示例数据集，其中包含无规则散点。然后，使用AgglomerativeClustering类进行层次聚类，指定n_clusters = 4表示希望聚类成4个簇。AgglomerativeClustering实现的是凝聚式层次聚类。运行这个示例，会看到层次聚类成功地将无规则的散点分成了4个不同的簇，并用不同的颜色表示，如图3-4所示。

请确保已经安装了scikit-learn库（使用pip install scikit-learn）。运行这个示例，会得到一个展示层次聚类结果的散点图。

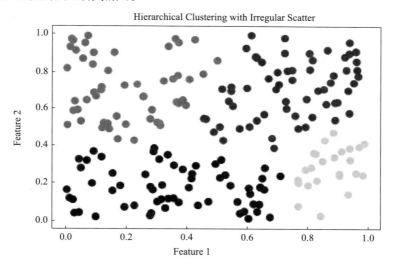

图3-4　层次聚类示例散点图

3.3.1　层次聚类原理

层次聚类（Hierarchical Clustering）是一种常见的聚类算法，它的主要特点是将数据点逐步合并成不断增长的聚类层次结构，形成树状的聚类树（dendrogram）。层次聚类有两种主要方法：凝聚式（自底向上）和分裂式（自顶向下）。

（1）凝聚式层次聚类（自底向上）

1）初始化，将每个数据点作为一个单独的簇。

2）合并，找到距离最近的两个簇，并将它们合并成一个新的簇，直到所有的数据点都合并为一个大的簇，形成一个聚类树。

3）距离度量，在凝聚式层次聚类中，需要定义簇与簇之间的距离。常见的距离度量方法包括欧几里得距离、曼哈顿距离、余弦相似度等。

4）聚类簇选择，通过设定一个阈值，可以根据聚类树截断成不同的簇。

（2）分裂式层次聚类（自顶向下）

1）初始化，将所有数据点看作一个簇。

2）分裂，选择一个簇并将其分裂成两个更小的簇，直到每个簇只包含一个数据点，形成一个聚类树。

3）距离度量，在分裂式层次聚类中，需要定义簇内数据点之间的距离。通常使用簇内数据点的平均距离或其他距离度量方法。

4）聚类簇选择，通过设定一个阈值，可以根据聚类树截断成不同的簇。

层次聚类的优点是可以生成聚类层次结构，对于一些数据没有明确的聚类数量时比较有用。然而，层次聚类的计算复杂性较高，时间和空间复杂度较大，尤其对于大规模数据集。此外，由于层次聚类在初始阶段可能会错误地合并或分裂簇，可能会导致局部最优解，因此需要谨慎选择合适的聚类簇截断阈值。

下面重点介绍"凝聚式层次聚类方法"。

3.3.2 层次聚类优缺点

层次聚类（Hierarchical Clustering）是一种常见的聚类算法，可以将数据点逐步合并成不断增长的聚类层次结构，形成树状的聚类树。层次聚类有两种主要方法：凝聚式（自底向上）和分裂式（自顶向下）。下面介绍层次聚类的优点和缺点。

（1）优点

1）无须预先指定聚类数量。层次聚类不需要事先指定聚类的数量，而是通过树状结构自动形成聚类层次。这在一些应用中非常有用，特别是当数据中没有明显的聚类数量时。

2）结果可视化。层次聚类产生的树状结构可以直观地呈现数据的聚类层次关系，便于结果的可视化和解释。

3）聚类簇的形状和大小。层次聚类可以处理不同形状和大小的聚类簇，因为它不需要预先指定聚类数量。

4）换算聚类结果。层次聚类可以根据需要，根据树状结构截取不同层次的聚类，得到不同数量的聚类结果。

5）对于小数据集效果较好。在小规模数据集上，层次聚类的表现通常比较好，并且可以找到不同密度和形状的聚类。

（2）缺点

1）计算复杂度高。层次聚类的计算复杂度较高，特别是在处理大规模数据集时，其时间和空间复杂度较大。

2）对于大数据集和高维数据效果不佳。在大规模数据集和高维数据上，层次聚类的表现可能较差，因为它需要计算所有数据点之间的距离，这在大数据集上是非常耗时的。

3）局部最优解。层次聚类可能陷入局部最优解，特别是在分裂式聚类中。不同的切割方式可能导致不同的聚类结果。

4）对噪声和离群点敏感。层次聚类对于噪声和离群点比较敏感，可能会导致它们形成单独的簇或在其他簇中产生不良影响。

综上所述，层次聚类是一种灵活且强大的聚类算法，特别适用于小规模数据集和需要可视化聚类结果的场景。但对于大规模数据和高维数据,以及对计算效率有较高要求的场景,可能需要考虑其他聚类算法。

3.3.3 凝聚的层次聚类方法

凝聚的层次聚类方法是通过这样的算法思路进行工作的:scikit-learn 库提供了一种叫作 AgglomerativeClustering 的分类算法,首先,它把整个待分类样本看作一棵完整的树,树根是所有的训练样本向量,而众多树叶就是每一个单独的样本;然后,设计几个观察点,让它们散布在整个训练样本中,让这些观察点自下而上不断地进行类簇的合并。这种聚类合并也是遵循一定的原则的,即基于连接度的度量来判断是否要向上继续合并两个类簇。度量有以下 3 种不同的策略原则:

1)Ward 策略,让所有类簇中的方差最小化。
2)Maximum 策略,也叫全连接策略(completed linkage),力求将类簇之间的距离最大值最小化。
3)Average linkage 策略,力求将簇之间的距离的平均值最小化。

1. 以自下而上的方式聚类

凝聚层次聚类的两个标准算法分别是单连接(single linkage)和全连接(complete linkage)。单连接算法计算两个集群中最相近成员之间的距离,然后合并两个集群,其中两个最相近成员之间的距离最小。全连接方法类似单连接,但是,不是比较两个集群中最相近的成员,而是比较最不相近的成员然后合并。单连接和全连接原理图如图 3-5 所示。

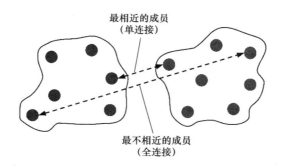

图 3-5 单连接和全连接原理图

凝聚层次聚类算法中常用的方法包括平均连接(average linkage)和 Ward 连接。平均连接基于两个集群中所有组成员之间的最小平均距离来合并集群。Ward 连接法合并引起总的集群内 ESS 增长最小的两个集群。在一维情况下,ESS 的计算方法为

$$\text{ESS} = \sum_{i=1}^{n} x_i - \frac{1}{n}\left(\sum_{i=1}^{n} x_i\right)^2$$

ESS 实际上就是 n 倍的方差。两个类簇的合并后误差二次方和减去合并前的误差二次方和,即得到误差二次方和增量。这一指标可以用于描述合并两个类簇的"代价"。

本节将聚焦基于全连接方法的凝聚层次聚类算法。层次全连接聚类是一个迭代过程,

可以把具体步骤总结如下：
步骤1 计算所有样本的距离矩阵。
步骤2 将每个数据点表示为单例集群。
步骤3 根据最不相似（距离最远）成员之间的距离合并两个最近的集群。
步骤4 更新相似矩阵。
步骤5 重复步骤2~4，直到只剩下一个集群。

接下来将讨论如何计算距离矩阵（步骤1）。先产生一些随机样本数据：行代表样本的不同观察（ID_0~4），列代表样本的不同特征（X、Y和Z）：

```
import pandas as pd
import numpy as np
import matplotlib.pyplot as plt
from scipy.cluster.hierarchy import dendrogram, linkage
np.random.seed(123)
variables = ['X', 'Y', 'Z']
labels = ['ID_0', 'ID_1', 'ID_2', 'ID_3', 'ID_4']
X = np.random.random_sample([5, 3])*10
df = pd.DataFrame(X, columns=variables, index=labels)
df
```

执行上述代码之后，将看到包含随机生成样本的数据框，见表3-1。

表3-1 随机生成样本数据

	X	Y	Z
ID_0	6.964692	2.861393	2.268515
ID_1	5.513148	7.19469	4.231065
ID_2	9.807642	6.848297	4.809319
ID_3	3.921175	3.43178	7.290497
ID_4	4.385722	0.596779	3.980443

2. 在距离矩阵上进行层次聚类

调用 SciPy 的 spatial.distance 子模块的 pdist 函数计算距离矩阵作为层次聚类算法的输入：

```
from scipy.spatial.distance import pdist, squareform
row_dist = pd.DataFrame(squareform(pdist(df, metric='euclidean')),
columns=labels,
index=labels)
row_dist
```

根据特征 X、Y 和 Z 计算数据集中每对样本点之间的欧氏距离，以稠密距离矩阵（由 pdist 返回）作为 squarefrom 的输入。创建两点间距离的对称矩阵，见表3-2。

表 3-2　两点间距离的对称矩阵

	ID_0	ID_1	ID_2	ID_3	ID_4
ID_0	0	4.973534	5.516653	5.899885	3.835396
ID_1	4.973534	0	4.347073	5.104311	6.698233
ID_2	5.516653	4.347073	0	7.244262	8.316594
ID_3	5.899885	5.104311	7.244262	0	4.382864
ID_4	3.835396	6.698233	8.316594	4.382864	0

接下来，通过调用 SciPy 中的 cluster.hierarchy 子模块的 linkage 函数来应用全连接凝聚方法处理集群，处理结果将返回到所谓的连接矩阵。为了更加仔细地观察聚类结果，可以把聚类结果转化为 pandas 的 DataFrame，示例具体代码如下：

```
from scipy.cluster.hierarchy import linkage
row_clusters = linkage(row_dist, method='complete', metric='euclidean')
pd.DataFrame(row_clusters,
columns=['row label 1', 'row label 2',
'distance', 'no. of items in clust.'],
index=['cluster %d' % (i + 1)
for i in range(row_clusters.shape[0])])
```

示例得到的连接矩阵（见表 3-3），由若干行和列组成，其中每一行代表一个合并；第一列和第二列代表每个集群中最不相似的成员，第三列报告这些成员的距离，最后一列返回每个集群成员的个数。

表 3-3　得到的连接矩阵

	row label 1	row label 2	distance	no. of items in clust.
cluster 1	0	4	6.521973	2
cluster 2	1	2	6.729603	2
cluster 3	3	5	8.539247	3
cluster 4	6	7	12.444824	5

用树状图（见图 3-6）来表示连接矩阵的结果：

```
from scipy.cluster.hierarchy import dendrogram
# make dendrogram black (part 1/2)
# from scipy.cluster.hierarchy import set_link_color_palette
# set_link_color_palette(['black'])
row_dendr = dendrogram(row_clusters,
labels=labels,
# make dendrogram black (part 2/2)
# color_threshold=np.inf
)
plt.tight_layout()
plt.ylabel('Euclidean distance')
plt.show()
```

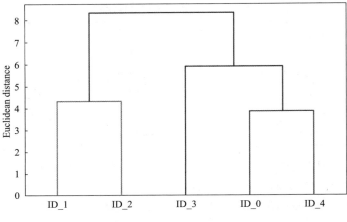

图 3-6　层次聚类示例的树状图

这样的树状图概括了在凝聚层次聚类中形成的不同集群。例如，可以看到样本 ID_0 和 ID_4 连接着的是 ID_1 和 ID_2，它们在欧氏距离度量上最为相似。

3. 热度图附加树状图

在实际应用中，通常层次聚类树状图与热度图（heat map）结合使用，能够用颜色代码代表样本矩阵的单个值。下面将讨论如何把树状图附加到热度图上，并对热度图中对应的行排序。其过程如下：

1）创建一个新的 figure 对象，并通过 ada_axes 函数的属性，定义 x 轴和 y 轴的位置以及树状图的宽度和高度。此外，逆时针旋转树状图 90°。

2）接着，对 DataFrame 的初始化数据，按照树状图对象可以访问的聚类标签排序。实际上，这是一个以 leaves 为关键词的 Python 字典。

3）现在根据排序后的 DataFrame 构建热度图，并将其放在树状图的旁边。

4）最后，通过去除坐标轴的间隔标记和隐藏坐标轴的轴线来美化树状图。另外，添加颜色条并将特征和样本名称分别标注在 x 轴和 y 轴的刻度标签上。

```
fig = plt.figure(figsize=(8, 8), facecolor='white')
axd = fig.add_axes([0.09, 0.1, 0.2, 0.6])
# note: for matplotlib < v1.5.1, please use orientation='right'
row_dendr = dendrogram(row_clusters, orientation='left')
# reorder data with respect to clustering
df_rowclust = df.iloc[row_dendr['leaves'][::-1]]
axd.set_xticks([])
axd.set_yticks([])
# remove axes spines from dendrogram
for i in axd.spines.values():
    i.set_visible(False)
# plot heatmap
axm = fig.add_axes([0.23, 0.1, 0.6, 0.6])  # x-pos, y-pos, width, height
cax = axm.matshow(df_rowclust, interpolation='nearest', cmap='hot_r')
fig.colorbar(cax)
```

```
axm.set_xticklabels([''] + list(df_rowclust.columns))
axm.set_yticklabels([''] + list(df_rowclust.index))
plt.show()
```

完成上述步骤之后，就能展示出图 3-7 所示的热度图以及旁边附带的树状图。

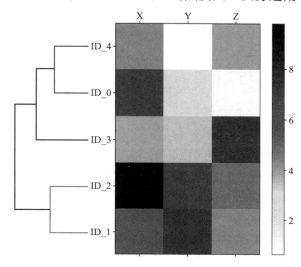

图 3-7　层次聚类示例热度图附加树状图

可以看到，热力图中行的顺序反映了树状图中样本的聚类情况。除了简单的树状图，热力图中的每个样本的颜色编码和特征提供了关于数据集的一个很好的概括。

4. 通过 sklearn 进行凝聚聚类

上面学习了如何用 SciPy 进行凝聚层次聚类。scikit-learn 库实现的 AgglomerativeClustering 可以选择要返回的集群数量，这对修剪层次结构的集群树很有用。通过设置参数 n_cluster 为 3，可以采用相同的全连接方法，基于欧氏距离度量将样本聚集成三组集群。其示例代码如下：

```
from sklearn.cluster import AgglomerativeClustering
ac = AgglomerativeClustering(n_clusters=3,
affinity='euclidean',
linkage='complete')
labels = ac.fit_predict(X)
print('Cluster labels: %s' % labels)
>>Cluster labels: [1 0 0 2 1]
```

从预测的集群标签可以看到，第 1 个和第 5 个样本（ID_0 和 ID_4）被分配到一个集群（标签 1），样本 ID_1 和 ID_2 被分配到另一个集群（标签 0）。样本 ID_3 被放入自己的集群（标签 2）。总体而言，该结果与从树状图观察到的情况一致。需要注意的是，ID_3 与 ID_4 以及 ID_0 的相似度比它与 ID_1 和 ID_2 的相似度更高，如前面的树状图所示，这在 scikit-learn 库的聚类结果中并不明显。现在，在 n_cluster = 2 的条件下重新运行 AgglomerativeClustering。其示例代码片段如下：

```
ac = AgglomerativeClustering(n_clusters=2,
affinity='euclidean',
linkage='complete')
labels = ac.fit_predict(X)
print('Cluster labels: %s' % labels)
>>Cluster labels: [0 1 1 0 0]
```

正如从结果看到的,在这个修剪过的层次聚类过程中,不出所料,标签 ID_3 没有被分到 ID_0 和 ID_4 的相同集群中。

3.4 DBSCAN

具有噪声的基于密度的聚类方法(Density-Based Spatial Clustering of Applications with Noise, DBSCAN)是一个有代表性的基于密度的聚类算法。该算法的主要目标是相比基于划分的聚类方法和层次聚类方法,需要更少的领域知识来确定输入参数;发现任意形状的聚簇;在大规模数据库上有更高的效率。DBSCAN 能够将足够高密度的区域划分成簇,并能在具有噪声的空间数据库中发现任意形状的簇。

使用 Python 中的 scikit-learn 库也可以实现 DBSCAN 聚类。以下是一个简单的 DBSCAN 聚类的示例:

```
import numpy as np
import matplotlib.pyplot as plt
from sklearn.cluster import DBSCAN
# 创建一个示例数据集,包含两个不同形状的簇
np.random.seed(42)
X = np.random.rand(200, 2)
# 添加第一个簇
X[:50, 0] = X[:50, 0] * 4
X[:50, 1] = X[:50, 1] * 4
# 添加第二个簇
X[50:150, 0] = X[50:150, 0] + 3
X[50:150, 1] = X[50:150, 1] + 3
# 使用DBSCAN聚类算法
dbscan = DBSCAN(eps=0.3, min_samples=5)
y_pred = dbscan.fit_predict(X)
# 可视化聚类结果
plt.scatter(X[:, 0], X[:, 1], c=y_pred, cmap='viridis', s=50)
plt.xlabel('Feature 1')
plt.ylabel('Feature 2')
plt.title('DBSCAN Clustering with Irregular Shapes')
plt.show()
```

在这个示例中,生成了一个示例数据集,其中包含两个不同形状的簇。然后,使用 DBSCAN 类进行聚类,指定 eps = 0.3 表示邻域范围,min_samples = 5 表示核心点最小样本数。根据这些参数,DBSCAN 将自动识别聚类结构并进行聚类。

运行这个示例，会看到 DBSCAN 成功地识别了两个不同形状的簇，并将它们分别标记为不同的聚类簇。请确保已经安装了 scikit-learn 库（使用 pip install scikit-learn）。运行这个示例，会得到一个展示 DBSCAN 结果的散点图，如图 3-8 所示。注意，DBSCAN 的结果可能包含噪声点，这些点会被标记为 −1。

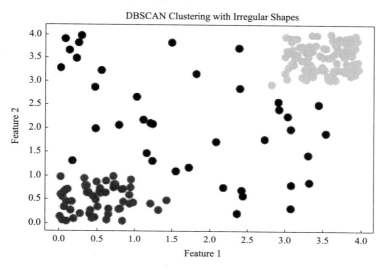

图 3-8　DBSCAN 示例结果散点图

3.4.1　DBSCAN 原理

根据上述示例可以看到，DBSCAN 是一种基于密度的空间聚类算法，用于将数据点分成不同的簇，并且可以有效地识别出噪声点（不属于任何簇）。DBSCAN 的原理可以概括为以下几个关键概念：

1）核心点（core point）。给定一个半径为 ε（epsilon）的邻域范围内，如果一个数据点周围有至少 MinPts 个数据点（包括它自己），则该点被称为核心点。

2）直接密度可达（directly density-reachable）。对于核心点 A 和核心点 B，如果 B 在 A 的 ε 邻域内，并且 A 的邻域内包含了 B，则 B 被称为直接密度可达于 A。

3）密度可达（density-reachable）。对于核心点 A 和核心点 B，如果存在一系列核心点 C_1、C_2、$\cdots$、C_n，其中 $C_1 = A$，$C_n = B$，并且 C_{i+1} 在 C_i 的 ε 邻域内，则 B 被称为密度可达于 A。

4）密度相连（density-connected）。对于核心点 A 和核心点 B，如果存在核心点 C 使得 A 和 B 都是密度可达于 C，则 A 和 B 被称为密度相连。

基于以上概念，DBSCAN 算法的步骤如下：

步骤 1　随机选择一个未访问的数据点 P。

步骤 2　如果 P 的 ε 邻域内包含至少 MinPts 个数据点，则创建一个新的簇 C，并将 P 添加到 C 中。

步骤 3　迭代访问 P 的邻域内的所有数据点，并判断是否是核心点。如果是核心点，则将其邻域内的未访问数据点添加到 C 中。

步骤 4　继续对 C 中的所有数据点进行密度可达的扩展，直到 C 中的所有数据点都不再添加新的密度可达点。

步骤 5　如果 P 不是核心点，标记 P 为噪声点。

步骤 6　重复步骤 1~5，直到所有数据点都被访问过。

最终，DBSCAN 将产生一组簇，每个簇都包含至少 MinPts 个核心点，且每个核心点都是相应簇中的密度可达点，而噪声点则不属于任何簇（见图3-9）。DBSCAN 对于数据集的分布形状不敏感，能够处理各种形状的聚类，同时可以自动识别和过滤掉噪声点，因此在许多实际应用中被广泛使用。

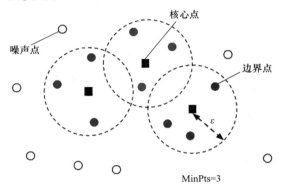

图3-9　DBSCAN 原理

3.4.2　DBSCAN 关键参数

DBSCAN 将簇视为被低密度区域分隔的高密度区域。由于这个相当普遍的观点，DBSCAN 发现的簇可以是任何形状的，与假设簇是凸的 k-means 聚类相反。DBSCAN 的核心概念是核心样本（core samples），是指位于高密度区域的样本。因此，一个簇是一组核心样本，每个核心样本彼此靠近（通过某个距离度量测量），以及一组接近核心样本的非核心样本（但本身不是核心样本）。算法中的两个参数，min_samples 和 eps，正式的定义了所说的稠密（dense）。较高的 min_samples 或者较低的 eps 都表示形成簇所需的较高密度。

1. eps

eps 是一个表示邻域范围的参数。它定义了数据点之间的最大距离，如果两个数据点之间的距离小于等于 eps，则这两个数据点被认为是邻居点。eps 参数决定了形成密度可达点的距离阈值，较小的 eps 值会产生更多的簇，而较大的 eps 值可能导致簇合并，因此选择一个合适的 eps 值非常重要。

2. min_samples

min_samples 是一个表示核心点最小样本数的参数。对于一个数据点，如果其邻域内包含的数据点数目大于等于 min_samples，则该数据点被认为是核心点。核心点是 DBSCAN 中最重要的点，它是密度可达点的基础。较小的 min_samples 值将产生更多的核心点，而较大的 min_samples 值可能导致一些数据点被标记为噪声点。

定义核心样本是指，数据集中的一个样本的 eps 距离范围内，存在 min_samples 个其他样本。这些样本被定为核心样本的邻居（neighbors）。这说明，核心样本在向量空间的稠密区域。一个簇是一个核心样本的集合,可以通过递归来构建。选取一个核心样本,查找它所有的邻居样本中的核心样本,然后查找新获取的核心样本的邻居样本中的核心样本,递归这个过程。簇中还具有一组非核心样本,它们是簇中核心样本的邻居样本,但本身并不是核心样本。显然,这些样本位于簇的边缘。

根据定义,任何核心样本都是簇的一部分,任何不是核心样本并且和任意一个核心样本距离都大于 eps 的样本将被视为异常值。

当参数 min_samples 主要表示算法对噪声的容忍度(当处理大型噪声数据集时,需要考虑增加该参数的值),针对具体地数据集和距离函数,参数 eps 如何合适地取值是非常关键的,通常不能使用默认值。参数 eps 控制了点地领域范围。如果取值太小,大部分数据并不会被聚类(被标注为 –1,代表噪声);如果取值太大,可能会导致相近的多个簇被合并成一个,甚至整个数据集都被分配成一个簇。一些启发式(heuristics)参数选择方法已经在一些文献中讨论过了,如在最近邻距离图种基于 Knee 的参数选择方式。

图 3-10 中,颜色表示簇成员属性,大圆圈表示算法发现的核心样本,较小的圈子表示仍然是簇的一部分的非核心样本;此外,异常值由下面的黑点表示。

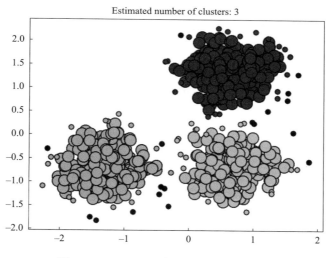

图 3-10　DBSCAN 发现核心样本的示例

DBSCAN 具有确定性,当以相同的顺序给出相同的数据时,总是形成相同的簇;当以不同的顺序提供数据时,聚类的结果可能不同。首先,即使核心样本总是被分配给相同的簇,但这些簇的标签也取决于遇到这些数据样本的顺序。更重要的是,非核心样本的簇可能因数据顺序而有所不同。当一个非核心样本距离两个核心样本的距离都小于 eps 时,就会发生这种情况。通过三角不等式可知,这两个核心样本距离一定大于 eps 或者处于同一个簇中。非核心样本将被分配到首先查找到该样本的簇,因此结果也取决于数据的顺序。

设置这两个参数的值通常需要根据具体的数据集和问题进行调整。选择合适的 eps 和 min_samples 值对于 DBSCAN 的聚类效果至关重要。较小的 eps 和 min_samples 值可能会导致过拟合，产生大量的小簇和噪声点。较大的 eps 和 min_samples 值可能导致欠拟合，将多个密度可达的簇合并成一个大簇。建议的做法是先对数据进行可视化和探索性分析，尝试不同的参数值，并根据结果评估聚类效果，最终选择能够得到合理聚类结果的参数组合。

3.4.3 DBSCAN 优缺点

DBSCAN 有许多优点和缺点。

（1）优点

1）不需要预先指定聚类的数量。DBSCAN 可以自动识别数据中的密度可达区域，并将其划分为聚类，因此不需要事先指定聚类的数量，适用于不同形状和大小的聚类结构。

2）能够处理噪声点。DBSCAN 通过将噪声点标记为非密度可达的点，可以有效地过滤掉噪声点，使得聚类结果更加纯净。

3）对密度变化敏感。DBSCAN 能够发现不同密度的聚类，并在密度变化的区域自动调整簇的形状和大小。

4）可以处理任意形状的聚类。由于 DBSCAN 的基本概念是基于密度可达性，因此它对聚类的形状没有假设限制，能够处理任意形状的聚类。

5）虽然数据顺序对 DBSCAN 的聚类结果有一定影响，但有一些解决措施。当以不同的顺序输入数据时，得到的聚类结果可能不同。为了减少数据顺序对 DBSCAN 结果的影响，可以采取如下一些措施：

① 随机化数据顺序。在进行聚类之前，对数据进行随机排序，以减少顺序对结果的影响。

② 多次运行。多次运行 DBSCAN 并对结果进行合并或投票，以降低数据顺序带来的影响。

③ 参数调优。通过调整 ε 和 MinPts 参数，使算法对数据顺序的敏感性降到最低。

总得来说，虽然数据顺序可能会对 DBSCAN 算法的结果产生一定程度的影响，但通过适当的处理方法可以降低这种影响，获得更稳定和可靠的聚类结果。

（2）缺点

1）效率问题。DBSCAN 的时间复杂度较高，特别是对大规模数据集和高维数据，算法的性能可能受到影响。

2）参数选择。虽然 DBSCAN 不需要指定聚类数量，但需要指定两个参数，即邻域范围 ε 和最小点数 MinPts。不同的参数选择可能导致不同的聚类结果，因此需要根据数据特点进行调参。

3）高维数据问题。在高维数据集中，数据点之间的距离定义可能变得模糊，密度的概念可能失去效果，因此 DBSCAN 在高维数据上的表现可能不如在低维数据上。

4）处理不同密度聚类的挑战。对于密度差异较大的数据集，DBSCAN 可能无法正确识别低密度区域的聚类。

尽管 DBSCAN 有一些缺点，但它在很多实际应用中仍然是一种非常有效且广泛使用的聚类算法，特别适用于处理不规则形状、不可分离的聚类及含有噪声的数据集。在使用 DBSCAN 之前，建议进行参数选择和数据预处理，以获得更好的聚类结果。

3.5 其他聚类方法

scikit-learn（sklearn）库是一个常用的Python机器学习库，其中包含了各种机器学习算法和工具。它提供了许多聚类算法，用于将数据点分组成相似的簇。高斯混合模型（Gaussian Mixture Model，GMM）聚类和谱聚类（spectral clustering）时，它们也是sklearn库中两种常用的聚类算法。

3.5.1 GMM聚类

高斯混合模型是一种概率模型，它假设数据是由多个高斯分布组合而成的。每个高斯分布代表一个簇，并且每个数据点都有一定的概率属于每个高斯分布。GMM聚类在实际应用中经常被用作聚类算法，尤其在数据具有复杂的分布形态时其表现较好。

GMM聚类的主要步骤如下：

1）初始化参数。选择要拟合的高斯分布数量（簇的数量），然后初始化每个高斯分布的均值、协方差矩阵和权重（表示每个高斯分布在整个数据集中的相对权重）。

2）最大期望（Expectation-Maximization，EM）迭代，通过迭代来优化参数。迭代分为两个步骤。

E步骤（expectation），根据当前参数，计算每个数据点属于每个高斯分布的概率，即后验概率。

M步骤（maximization），使用E步骤计算得到的后验概率，更新高斯分布的参数（均值、协方差和权重）。

3）收敛检查。重复E和M步骤直到满足终止条件，通常是达到指定的最大迭代次数或参数变化不大。

4）预测。使用训练好的GMM，可以对新的数据点进行预测，计算其属于每个簇的概率，或者选择概率最大的簇作为预测结果。

GMM优点在于其灵活性和对数据分布的建模能力，因此它适用于各种数据集。然而，由于需要估计较多的参数，在数据集规模较大时其计算成本较高。

3.5.2 谱聚类

谱聚类是一种基于图论的聚类算法，它通过图的拉普拉斯特征分解（Laplacian eigenmaps）来对数据进行降维和聚类。谱聚类在处理非凸、非球形数据和有噪声数据时表现较好，而且不需要预先指定聚类数量。

谱聚类的主要步骤如下：

1）构建相似图（graph construction）。将数据集中的每个数据点看作图的节点，使用相似度度量（如高斯核函数）来计算节点之间的相似性，并构建邻接矩阵。这一步将数据点转化为图的结构，其中节点之间的边表示它们之间的相似程度。

2）图的标准化（graph normalization）。对邻接矩阵进行标准化处理，得到拉普拉斯矩阵（Laplacian matrix）。标准化有不同的方法，常用的包括对称标准化和随机游走标准化。

3）特征分解（eigen-decomposition）。对拉普拉斯矩阵进行特征分解，得到特征向量和对应的特征值。

4）选取特征向量。选择对应于前 k 个最小特征值的特征向量，其中 k 是聚类数量。

5）k-means 聚类。使用选取的特征向量作为输入，应用 k-means 算法进行聚类。

谱聚类通过将数据投影到特征向量组成的低维空间上，能够捕捉到数据的流形结构，从而在处理复杂数据时表现出色。不过谱聚类需要进行图的构建和特征分解等计算，因此对于大规模数据集可能计算开销较大。

3.5.3 GMM 聚类和谱聚类示例

```
import numpy as np
import matplotlib.pyplot as plt
from sklearn.datasets import make_blobs
from sklearn.mixture import GaussianMixture
from sklearn.cluster import SpectralClustering
# 生成示例数据
X, y = make_blobs(n_samples=300, centers=4, cluster_std=0.60, random_state=0)
# 使用 GMM 进行聚类
gmm = GaussianMixture(n_components=4, random_state=0)
gmm_labels = gmm.fit_predict(X)
# 绘制聚类结果
plt.scatter(X[:, 0], X[:, 1], c=gmm_labels, s=40, cmap='viridis')
plt.title('Gaussian Mixture Model (GMM) Clustering')
plt.xlabel('Feature 1')
plt.ylabel('Feature 2')
plt.show()
# 使用 Spectral Clustering 进行聚类
spectral_clustering=SpectralClustering(n_clusters=4,affinity='nearest_neighbors',random_state=0)
spectral_labels = spectral_clustering.fit_predict(X)
# 绘制聚类结果
plt.scatter(X[:, 0], X[:, 1], c=spectral_labels, s=40, cmap='viridis')
plt.title('Spectral Clustering')
plt.xlabel('Feature 1')
plt.ylabel('Feature 2')
plt.show()
```

GMM 聚类和谱聚类示例如图 3-11 所示。

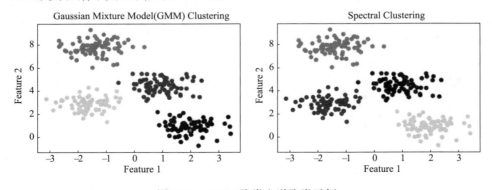

图 3-11 GMM 聚类和谱聚类示例

3.6 算法对比

3.6.1 分类和聚类的区别

分类和聚类是机器学习和数据挖掘中两个重要的概念。分类和聚类的区别在于，分类是一种监督学习技术，而聚类是一种无监督学习技术。

使用分类算法时，已经知道了类别标签，即已经对数据进行了标记。分类算法的目的是根据已知类别标签对未知数据进行分类。分类算法通常是在训练集上进行训练，然后在测试集上进行测试。常见的分类算法包括朴素贝叶斯、支持向量机（SVM）、决策树、逻辑回归等。

使用聚类算法时，并不知道数据的类别标签。聚类算法的目的，是根据数据的相似性将数据划分成不同的类别，同时尽可能地使同一类别内的数据相似度尽可能高，不同类别之间的数据相似度尽可能低。聚类算法通常是在整个数据集上进行操作的，无须标记数据，也不需要先验知识。常见的聚类算法包括 k-means 聚类、层次聚类、DBSCAN 等。

因此，分类和聚类的主要区别在于数据是否有已知的类别标签，如果有，则可以使用分类算法；如果没有，则可以使用聚类算法。

3.6.2 k-means 聚类、DBSCAN、层次聚类对比

通过 Python 构建环形同心圆、高斯斑块、月牙分布数据图（见图 3-12 ~ 图 3-14），分别做 k-means 聚类、DBSCAN、层次聚类三种数据的聚类结果比较如图 3-15 ~ 图 3-17 所示。Python 具体代码如下：

```
# 引入 numpy 包
import numpy as np
# 引入 sklearn 包
import sklearn
```

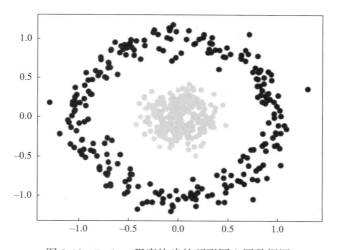

图 3-12　Python 程序构建的环形同心圆数据图

```
# 引入sklearn包中的数据集生成工具
import sklearn.datasets
# 设置中文字体绘图
import matplotlib.pyplot as plt
plt.rcParams['font.sans-serif']=['SimHei']
plt.rcParams['font.serif']=['SimHei']
plt.rcParams['axes.unicode_minus']=False
# 生成环形数据
X,Y = sklearn.datasets.make_circles(n_samples = 500,noise = 0.1,factor = 0.2)
X.shape,Y.shape
# 生成高斯分布的斑块数据
X,Y = sklearn.datasets.make_blobs(n_samples = 500,random_state = 3)
```

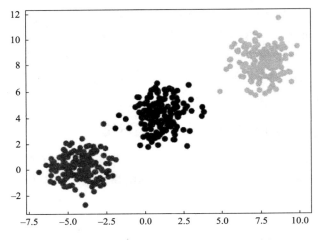

图 3-13 Python 程序构建的高斯斑块分布数据图

```
# 生成月牙分布数据
X,Y = sklearn.datasets.make_moons(n_samples = 500,noise = 0.1,random_state = 3)
```

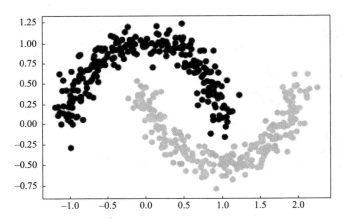

图 3-14 Python 程序构建的月牙分布数据图

```python
# 将 X 的两列作为坐标，将 Y 作为颜色区分，可视化数据
import matplotlib.pyplot as plt
plt.scatter(X[:,0],X[:,1],c = Y)
plt.show()
# 导入这三个模型的方法
from sklearn.cluster import KMeans,AgglomerativeClustering,DBSCAN
#kmeans 模型，创建模型时需要定义簇数
n_clusters_ = 2
model = KMeans(n_clusters = n_clusters_)
# 数据训练模型
model.fit(X)
# 模型输出聚类结果
Y_kmeans = model.labels_
#dbscan 模型，创建模型时需要定义搜索半径及最小点数
model = DBSCAN(eps=1, min_samples=10)
# 数据训练模型
model.fit(X)
# 模型输出聚类结果
Y_dbscan = model.labels_
# 层次聚类模型
# 设置分层聚类函数
linkages = ['ward', 'average', 'complete', 'single']
# 需要指定聚类数量
n_clusters_ = 2
model = AgglomerativeClustering(linkage=linkages[3],n_clusters = n_clusters_)
# 数据训练模型
model.fit(X)
# 模型输出聚类结果
Y_AgglomerativeClustering = model.labels_
import matplotlib.pyplot as plt
fig = plt.figure(1,(10,8),dpi = 300)
ax1 = plt.subplot(221)
# 绘制原始数据
plt.scatter(X[:,0],X[:,1],c = Y)
plt.title(' 原始数据 ')
# 绘制聚类后的结果
ax2 = plt.subplot(222)
plt.scatter(X[:,0],X[:,1],c = Y_kmeans)
plt.title('kmeans 聚类结果 ')
ax2 = plt.subplot(223)
plt.scatter(X[:,0],X[:,1],c = Y_dbscan)
plt.title('DBSCAN 聚类后的结果 ')
ax2 = plt.subplot(224)
plt.scatter(X[:,0],X[:,1],c = Y_AgglomerativeClustering)
plt.title(' 层次聚类后的结果 ')
plt.show()
```

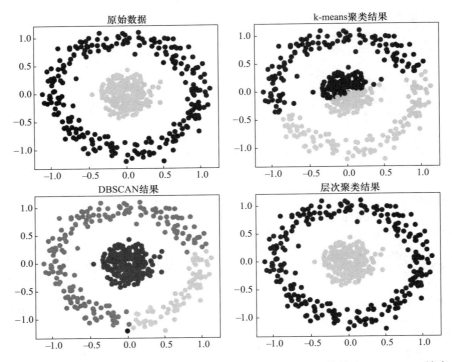

图 3-15 环形同心圆数据三种聚类结果的比较（参数取值：k-means 聚类簇数取 2；DBSCAN 搜索半径取 0.2，最小样本数取 10；层次聚类簇数取 2，距离计算法取最近点距离）

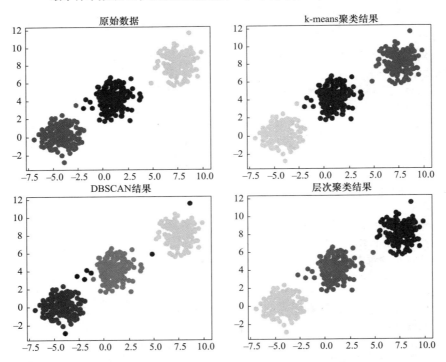

图 3-16 高斯分布斑块数据三种聚类结果的比较（参数取值：k-means 聚类簇数取 3；DBSCAN 搜索半径取 1，最小样本数取 10；层次聚类簇数取 3，距离计算法取最近点距离）

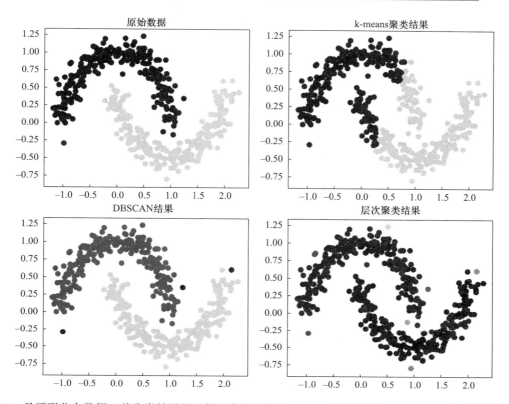

图3-17 月牙形分布数据三种聚类结果的比较（参数取值：k-means聚类簇数取2；DBSCAN搜索半径取0.2，最小样本数取10；层次聚类簇数取10，距离计算法取最近点距离）

对比三种数据的三种聚类方法，不同方法对不同数据的适应性不同。

k-means聚类算法只适用于各簇之间的分布存在明显差异、分布较为均匀的数据，对环形同心圆、月牙形数据这类异形数据的识别结果较差。使用k-means聚类算法之前，一定要注意样本的各维度需要经过标准化，才能够在同一水平下进行比较。例如，某数据样本的维度一的数值变化范围为0~1，维度二的变化范围为10000~20000，由于k-means聚类算法依赖数据样本属性之间计算欧式距离，维度二会对样本间距离带来巨大影响，而维度一的则可以说微不足道，聚类的结果则只依赖维度二。

DBSCAN算法非常依赖参数的设置，不同参数设置会直接影响DBSCAN算法的识别结果的簇大小与样本密度。在环形同心圆数据中，内圈的簇密度明显大于外圈环的簇，因此以DBSCAN算法识别时，内圈的簇更容易形成一个整体，而外圈则会被分为好几个簇。由此也可以看出，DBSCAN算法对簇的密度比较敏感，如果数据在某些地方形成簇，但密度不够，则这些样本会被识别为离群点。DBSCAN算法擅长识别形态独特异形簇，也是三种聚类算法中唯一能够直接判别离群点的方法。

层次聚类算法则需要考虑点之间距离的衡量方式。在上面代码中，距离衡量方法均设置为single，即以簇中最近点的距离作为簇之间的距离。在这一设置下数据则容易将离群点划分为单独簇，因为离群点离其他所有簇的距离都很大。

层次聚类算法与k-means聚类算法一样需要事先设定聚类的簇数，且结果对簇数的设定相当敏感。层次聚类算法对簇的分布密度并不敏感,能够区分密度不同的异形簇。

从三种数据来看,高斯分布斑块数据在三种聚类方法下都能够准确地区分,而这种类型的聚类任务也是经常遇到的。在实际应用中,针对样本提取特征后聚类的任务,更希望簇中样本特征相近,像测试数据集中环形与月牙形的异形簇较少出现。拿到的数据样本很可能本身并不存在明显的簇;即便存在簇,多数情况下也呈现为簇中样本属性值相近。同时,簇与簇之间的密度也可能差异较大。在这种思路下,聚类方法通常采用 k-means 聚类、层次聚类、GMM 聚类等方法。这些方法中,用一种方法聚类得到的结果,通常用另一种方法调整到合适的参数也能取得比较接近的效果。相比之下,DBSCAN 更适用于地理空间数据的聚类。

3.6.3 scikit-learn 库中的聚类算法的比较

scikit-learn 库中的聚类算法的各种属性比较,见表 3-4。

表 3-4 scikit-learn 库中的聚类算法比较

方法名称 (method name)	参数 (parameters)	可扩展性 (scalability)	使用场景 (usecase)	几何图形 (geometry)
k-均值 (k-means) 聚类	聚类形成的簇的个数 (number of clusters)	非常大的 n_samples,中等的 n_clusters 使用 MiniBatch 代码	通用,均匀的簇大小(cluster size),平面几何(flat geometry),不是太多的簇	点之间的距离 (distances between points)
近邻传播 (affinity propagation)聚类	阻尼(damping),样本偏好(sample preference)	n_samples 不可扩展 (not scalable with n_samples)	许多簇,不均匀的簇大小,非平面几何(many clusters, uneven cluster size, non-flat geometry)	图距离(如最近邻图) (graph distance (e.g. nearest-neighbor graph))
均值偏移 (mean-shift) 聚类	带宽 (bandwidth)	n_samples 不可扩展 (not scalable with n_samples)	许多簇,不均匀的簇大小,非平面几何(many clusters, uneven cluster size, non-flat geometry)	点之间的距离(distances between points)
谱聚类 (spectral clustering)	簇的个数 (number of clusters)	中等的 n_samples,小的 n_clusters	几个簇,均匀的簇大小,非平面几何(few clusters, even cluster size, non-flat geometry)	图距离(如最近邻图) (graph distance (e.g. nearest-neighbor graph))
层次聚类 (ward hierarchical clustering)	簇的个数 (number of clusters)	大的 n_samples 和 n_clusters	很多的簇可能连接限制(many clusters, possibly connectivity constraints)	点之间的距离 (distances between points)
凝聚型层次聚类 (agglomerative clustering)	簇的个数 (number of clusters) 链接类型(linkage type),距离(distance)	大的 n_samples 和 n_clusters	很多簇,可能连接限制,非欧氏距离(many clusters, possibly connectivity constraints, non Euclidean distances)	任意成对距离 (any pairwise distance)
具有噪声的基于密度的聚类 (DBSCAN)	邻的大小 (neighborhood size)	非常大的 n_samples,中等的 n_clusters	非平面几何,不均匀的簇大小(non-flat geometry, uneven cluster sizes)	最近点之间的距离 (distances between nearest points)

（续）

方法名称 (method name)	参数 (parameters)	可扩展性 (scalability)	使用场景 (usecase)	几何图形 (geometry)
高斯混合模型 (GMM)聚类	很多(many)	不可扩展 (not scalable)	平面几何，适用于密度估计(flat geometry, good for density estimation)	与中心的马氏距离 (Mahalanobis distances to centers)
综合层次聚类 (BIRCH)	分支因素 (branching factor)，阈值(threshold)，可选全局簇(optional global cluster)	大的 n_clusters 和 n_samples	大型数据集，异常值去除，数据简化(large dataset, outlier removal, data reduction)	点之间的欧氏距离 (Euclidean distance between points)

当簇具有特殊的形状，即非平面流体（流体的高斯曲率非0），并且标准欧氏距离不是正确的度量标准（metric）时，非平面几何聚类（non-flat geometry clustering）是非常有用的。

第 4 章

神经网络与深度学习

4.1 神经网络

随着神经科学、认知科学的发展，逐渐知道人类的智能行为都和大脑活动有关。人类大脑是一个可以产生意识、思想和情感的器官．受到人脑神经系统的启发，早期的神经科学家构造了一种模仿人脑神经系统的数学模型，称为人工神经网络，简称神经网络。在机器学习领域，神经网络是指由很多人工神经元构成的网络结构模型，这些人工神经元之间的连接强度是可学习的参数。

4.1.1 人工神经网络

人工神经网络是为模拟人脑神经网络设计的一种计算模型，它从结构、实现机理和功能上模拟人脑神经网络。人工神经网络与生物神经元类似，由多个节点（人工神经元）互相连接而成，可以用来对数据之间的复杂关系进行建模。不同节点之间的连接被赋予了不同的权重，每个权重代表了一个节点对另一个节点的影响大小。每个节点代表一种特定函数，来自其他节点的信息经过其相应的权重综合计算，输入到一个激活函数中并得到一个新的活性值（兴奋或抑制）。

从系统观点看，人工神经元网络是由大量神经元通过极其丰富和完善的连接而构成的自适应非线性动态系统。虽然可以比较容易地构造一个人工神经网络，但是如何让人工神经网络具有学习能力并不是一件容易的事情。早期的神经网络模型并不具备学习能力。首个可学习的人工神经网络是赫布网络，采用一种基于赫布规则的无监督学习方法。感知器是最早的具有机器学习思想的神经网络，但其学习方法无法扩展到多层的神经网络上。直到 1980 年左右，反向传播算法才有效地解决了多层神经网络的学习问题，并成为最为流行的神经网络学习算法。人工神经网络在诞生之初并不是用来解决机器学习问题。本书涉及的人工神经网络主要是作为一种映射函数，即机器学习中的模型。

由于人工神经网络可以用作一个通用的函数逼近器（一个两层的神经网络可以逼近任意的函数），因此可以将人工神经网络看作一个可学习的函数，并将其应用到机器学习中。理论上，只要有足够的训练数据和神经元数量，人工神经网络就可以学到很多复杂的函数。一个人工神经网络塑造复杂函数的能力可称为网络容量（network capacity），其与可以被储存在网络中的信息的复杂度以及数量相关。

4.1.2 神经元

人工神经元（artificial neuron），简称神经元（neuron），是构成神经网络的基本单元。其主要是模拟生物神经元的结构和特性，接收一组输入信号并产生输出。生物学家在 20 世纪初就发现了生物神经元的结构。一个生物神经元通常具有多个树突和一条轴突。树突用来接收信息，轴突用来发送信息。当神经元所获得的输入信号的积累超过某个阈值时，它就处于兴奋状态，产生电脉冲。轴突尾端有许多末梢可以给其他神经元的树突产生连接（突触），并将电脉冲信号传递给其他神经元。

假设一个神经元接收 D 个输入 $x_1, x_2, \cdots, x_D$，；令向量 $\boldsymbol{x} = [x_1; x_2; \cdots; x_D]$ 来表示这组输入，并用净输入（net input）$z \in R$ 表示一个神经元所获得的输入信号 x 的加权和，有

$$z = \sum_{d=1}^{D} w_d x_d + b = \boldsymbol{w}^\mathrm{T} \boldsymbol{x} + b$$

式中，$\boldsymbol{w} = [w_1; w_2; \ldots; w_D] \in R^D$，为 D 维的权重向量；$b \in R$，为偏置。净输入 z 在经过一个非线性函数 $f(\ )$ 后，得到神经元的活性值 a，有

$$a = f(z)$$

式中的非线性函数 $f(\ )$ 称为激活函数（activation function）。

图 4-1 给出了一个典型的神经元结构。

4.1.3 激活函数

激活函数在神经元中是非常重要的。为了增强网络的表示能力和学习能力，激活函数需要具备以下几点性质：

1）连续并可导（允许少数点上不可导）的非线性函数。可导的激活函数可以直接利用数值优化的方法来学习网络参数。

2）激活函数及其导函数要尽可能简单，这有利于提高网络计算效率。

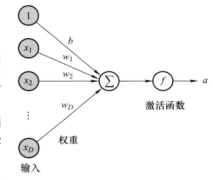

图 4-1 一个典型的神经元结构

3）激活函数的导函数的值域要在一个合适的区间内，不能太大也不能太小，否则会影响训练的效率和稳定性。

下面介绍几种在神经网络中常用的激活函数。

1. sigmoid 函数

sigmoid 函数是指一类 S 型曲线函数，为两端饱和函数。常用的 sigmoid 函数有 logistic 函数和 tanh 函数。

logistic 函数定义式为

$$\sigma(x) = \frac{1}{1 + \exp(-x)}$$

logistic 函数可以看成是一个"挤压"函数，把一个实数域的输入"挤压"到（0, 1）。

当输入值在 0 附近时，sigmoid 函数近似为线性函数；当输入值靠近两端时，对输入进行抑制，输入越小，越接近 0；输入越大，越接近 1。这样的特点也和生物神经元类似，对一些输入会产生兴奋（输出为 1），对另一些输入产生抑制（输出为 0）。和感知器使用的阶跃激活函数相比，logistic 函数是连续可导的，其数学性质更好。

因为 logistic 函数的性质，使得装备了 logistic 激活函数的神经元具有以下两点性质：

1）其输出直接可以看作概率分布，使得神经网络可以更好地和统计学习模型进行结合。

2）其可以看作一个软性门（soft gate），用来控制其他神经元输出信息的数量。

tanh 函数定义式为

$$\tanh(x) = \frac{\exp(x) - \exp(-x)}{\exp(x) + \exp(-x)}$$

tanh 函数可以看作放大并平移的 logistic 函数，其值域是（-1, 1）。

$$\tanh(x) = 2\sigma(2x) - 1$$

图 4-2 给出了 logistic 函数和 tanh 函数曲线。tanh 函数的输出是零中心化的（zero-centered），而 logistic 函数的输出恒大于 0，使得其后一层的神经元的输入发生偏置偏移（bias shift），并进一步使得梯度下降的收敛速度变慢。

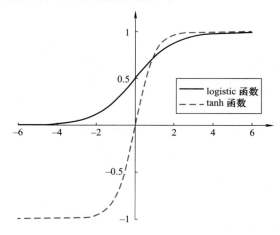

图 4-2　logistic 函数和 tanh 函数曲线

2. ReLU 函数

ReLU（Rectified Linear Unit，修正线性单元）函数，也叫 Rectifier 函数，是目前深度神经网络中经常使用的激活函数。ReLU 函数实际上是一个斜坡（ramp）函数，定义为

$$\begin{aligned}\text{ReLU}(x) &= \begin{cases} x & x \geq 0 \\ 0 & x < 0 \end{cases} \\ &= \max(0, x)\end{aligned}$$

采用 ReLU 函数的神经元只需要进行加、乘和比较的操作，计算上更加高效。ReLU

函数也被认为具有生物学合理性（biological plausibility），如单侧抑制、宽兴奋边界（即兴奋程度可以非常高）。在生物神经网络中，同时处于兴奋状态的神经元非常稀疏。人脑中在同一时刻大概只有1%～4%神经元处于活跃状态。Sigmoid函数会导致一个非稀疏的神经网络，而ReLU函数却具有很好的稀疏性，大约50%的神经元会处于激活状态。在优化方面，相比Sigmoid函数的两端饱和，ReLU函数为左饱和函数，且在$x>0$时导数为1，在一定程度上缓解了神经网络的梯度消失问题，加速梯度下降的收敛速度。

ReLU函数的输出是非零中心化的，给后一层的神经网络引入偏置偏移，会影响梯度下降的效率。此外，ReLU函数神经元在训练时比较容易"死亡"。在训练时，如果参数在一次不恰当的更新后，第一个隐藏层中的某个ReLU函数神经元在所有的训练数据上都不能被激活，那么这个神经元自身参数的梯度永远都会是0，在以后的训练过程中永远不能被激活。这种现象称为死亡ReLU问题（dying ReLU problem），并且也有可能会发生在其他隐藏层。在实际使用中，为了避免上述问题，有几种ReLU函数的变种也会被广泛使用。图4-3给出了ReLU函数及其变种的曲线。

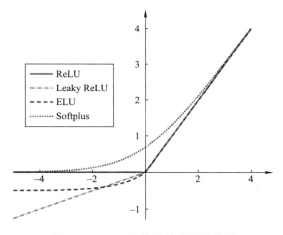

图4-3 ReLU函数及其变种的曲线

3. swish函数

swish函数是一种自门控（self-gated）激活函数，定义为

$$\text{swish}(x) = x\sigma(\beta x)$$

式中，$\sigma(\ )$为logistic函数；β为可学习的参数或一个固定超参数。$\sigma(\ )\in(0,1)$可以看作一种软性的门控机制。当$\sigma(\beta x)$接近于1时，门处于"开"状态，激活函数的输出近似为x本身；当$\sigma(\beta x)$接近于0时，门的状态为"关"，激活函数的输出近似为0。

图4-4给出了swish函数的示例。

当$\beta=0$时，swish函数变成线性函数$x/2$；当$\beta=1$时，swish函数在$x>0$时近似线性，在$x<0$时近似饱和，同时具有一定的非单调性；当$\beta\to+\infty$时，$\sigma(\beta x)$趋向于离散的0-1函数，swish函数近似为ReLU函数。因此，swish函数可以看作线性函数和ReLU函数之间

的非线性插值函数，其程度由参数 β 控制。

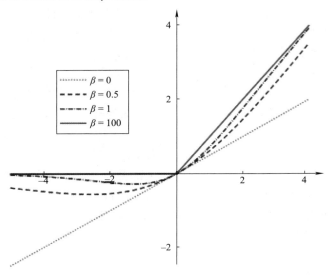

图 4-4　swish 函数曲线

4. GELU 函数

GELU（Gaussian Error Linear Unit，高斯误差线性单元）函数，也是一种通过门控机制来调整其输出值的激活函数，和 swish 函数比较类似。

$$\text{GELU}(x) = xP(X \leqslant x)$$

式中，$P(X \leqslant x)$ 为高斯分布 $N(\mu, \sigma^2)$ 的累积分布函数。其中 μ，σ^2 为超参数，一般设 $\mu=0$，$\sigma^2=1$ 即可。由于高斯分布的累积分布函数为 S 型函数，因此 GELU 函数可以用 tanh 函数或 logistic 函数来近似，有

$$\text{GELU}(x) \approx 0.5x\left(1+\tanh\left(\sqrt{\frac{2}{\pi}}(x+0.044714x^3)\right)\right)$$

或

$$\text{GELU}(x) \approx x\sigma(1.702x)$$

当使用 logistic 函数来近似时，GELU 相当于一种特殊的 swish 函数。

5. maxout 函数

maxout 函数也是一种分段线性函数。sigmoid、ReLU 等激活函数的输入是神经元的净输入 z，是一个标量。但是，maxout 函数的输入是上一层神经元的全部原始输出，是一个向量 $\boldsymbol{x}=[x_1;x_2;\cdots;x_D]$。

每个 maxout 函数有 K 个权重向量 $\boldsymbol{w}_k \in R^D$ 和偏置 $\boldsymbol{b}_k(1 \leqslant k \leqslant K)$。对于输入 $\boldsymbol{x}$，可以得到 K 个净输入 z_k，$1 \leqslant k \leqslant K$。那么，有

$$z_k = \boldsymbol{w}_k\boldsymbol{x} + \boldsymbol{b}_k$$

式中，$\boldsymbol{w}_k = [w_{k,1}, \cdots w_{k,D}]^T$，为第 k 个权重向量。maxout 单元的非线性函数定义为

$$\text{maxout}(\boldsymbol{x}) = \max_{k \in [1,k]}(z_k)$$

maxout 函数不单是净输入到输出之间的非线性映射，而是整体学习输入到输出之间的非线性映射关系。采用 maxout 函数的神经网络也叫作 maxout 网络。maxout 函数可以看作任意凸函数的分段线性近似，并且在有限的点上是不可微的。

4.1.4 神经网络的基本结构

一个生物神经细胞的功能比较简单，而人工神经元只是生物神经细胞的理想化和简单实现，功能更加简单。要想模拟人脑的能力，单一的神经元是远远不够的，需要通过很多神经元一起协作来完成复杂的功能。这样通过一定的连接方式或信息传递方式进行协作的神经元可以看作一个网络，就是神经网络。到目前为止，研究者已经发明了各种各样的神经网络结构。目前常用的神经网络结构有以下三种。

1. 前馈网络

前馈网络中各个神经元按接收信息的先后分为不同的组。每一组可以看作一个神经层。每一层中的神经元接收前一层神经元的输出，并输出到下一层神经元。整个网络中的信息是朝一个方向传播的，没有反向的信息传播，可以用一个有向无环路图表示。前馈网络可以看作一个函数，通过简单非线性函数的多次复合，实现输入空间到输出空间的复杂映射。这种网络结构简单，易于实现。

2. 记忆网络

记忆网络，也称为反馈网络，网络中的神经元不但可以接收其他神经元的信息，也可以接收自己的历史信息。和前馈网络相比，记忆网络中的神经元具有记忆功能，在不同的时刻具有不同的状态。记忆神经网络中的信息传播可以是单向或双向传递的，因此可用一个有向循环图或无向图来表示。

记忆网络可以看作一个程序，具有更强的计算和记忆能力。为了增强记忆网络的记忆容量，可以引入外部记忆单元和读写机制，用来保存一些网络的中间状态，称为记忆增强神经网络（Memory Augmented Neural Network，MANN）。

3. 图网络

前馈网络和记忆网络的输入都可以表示为向量或向量序列。但实际应用中很多数据是图结构的数据，如知识图谱、社交网络、分子（molecular）网络等。前馈网络和记忆网络很难处理图结构的数据。图网络是定义在图结构数据上的神经网络。图中每个节点都由一个或一组神经元构成。节点之间的连接可以是有向的，也可以是无向的。每个节点可以收到来自相邻节点或自身的信息。图网络是前馈网络和记忆网络的泛化，包含很多不同的实现方式，如图卷积网络（Graph Convolutional Network，GCN）、图注意力网络（Graph Attention Network，GAT）、消息传递神经网络（Message Passing Neural Network）等。

图 4-5 给出了前馈网络、记忆网络和图网络的网络结构示例，其中圆形节点表示一个

神经元，方形节点表示一组神经元。

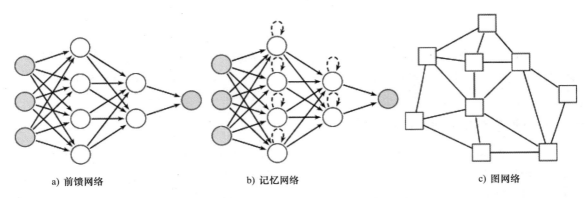

图 4-5 三种不同的网络结构示例

4.1.5 前向传播与反向传播

前向传播指的是从输入层到输出层依次计算每一层的输出结果的过程。在前向传播中，输入数据通过神经网络的各个层，逐层进行加权求和、激活函数处理，最终得到输出结果。说得简单一点就是，前向传播就是把输入数据转换为输出结果，实现对数据的分类和预测。

反向传播是一种计算损失函数对每个权重和偏差的梯度的方法。在训练神经网络时，需要通过反向传播来计算损失函数对每个权重和偏差的梯度，并使用梯度下降法来更新权重和偏差的值，从而使得损失函数最小化。

具体来说，反向传播算法将损失函数对网络输出的偏导数作为初始误差信号，并通过链式法则，将这个误差信号反向传播到每个神经元的输入端，计算每个神经元的输入对其输出的偏导数，并将这个偏导数与误差信号相乘，得到每个神经元的误差信号。最终，反向传播算法计算每个权重和偏差的梯度，用于更新网络的参数。简单来说，反向传播就是过计算损失函数对网络参数的梯度，优化神经网络的参数，提高网络的性能。

以下详细介绍两种传播方式的具体过程。

1. 前向传播

假设上一层结点 i，j，k 等一些结点与本层的结点 w 有连接，那么结点 w 的值怎么算呢？就是通过上一层的 i，j，k 等结点以及对应的连接权值进行加权和运算，最终结果再加上一个偏置项，最后在通过一个非线性函数（即激活函数），如 ReLu、sigmoid 等函数，最后得到的结果就是本层结点 w 的输出。

最终不断地通过这种方法一层层运算，得到输出层结果。

对于前向传播来说，不管维度多高，其过程都可以用如下公式表示：

$$a^2 = \sigma(z^2) = \sigma(a^1 * W^2 + b^2)$$

图 4-6 所示为前向传播图形化示例。

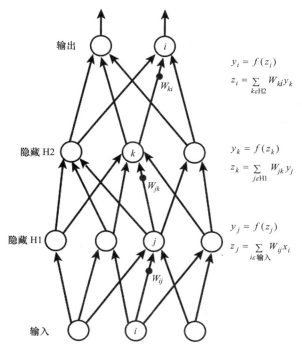

图 4-6 前向传播图形化示例

2. 反向传播

反向传播算法是多层神经网络的训练中举足轻重的算法。简单理解的话，它的确就是复合函数的链式法则，但在实际运算中的意义比链式法则重要得多。要回答题"如何直观地解释反向传播算法？"这样的问题，需要先直观理解多层神经网络的训练。

机器学习可以看作是数理统计的一个应用，在数理统计中一个常见的任务就是拟合，也就是给定一些样本点，用合适的曲线揭示这些样本点随着自变量的变化关系。

深度学习同样也是为了这个目的，只不过此时样本点不再限定为(x,y)点对，而可以是由向量、矩阵等组成的广义点对(X, Y)。此时，(X, Y)之间的关系也变得十分复杂，不太可能用一个简单函数表示。然而，人们发现可以用多层神经网络来表示这样的关系，而多层神经网络的本质就是一个多层复合的函数。

其对应的表达式为

$$a_1^{(2)} = f(W_{11}^{(1)}x_1 + W_{12}^{(1)}x_2 + W_{13}^{(1)}x_3 + b_1^{(1)})$$

$$a_2^{(2)} = f(W_{21}^{(1)}x_1 + W_{22}^{(1)}x_2 + W_{23}^{(1)}x_3 + b_2^{(1)})$$

$$a_3^{(2)} = f(W_{31}^{(1)}x_1 + W_{32}^{(1)}x_2 + W_{33}^{(1)}x_3 + b_3^{(1)})$$

$$h_{W,b}(x) = a_1^{(3)} = f(W_{11}^{(2)}a_1^2 = W_{12}^{(2)}a_2^2 + W_{13}^{(2)}a_3^2 + b_1^2)$$

图 4-7 所示为反向传播图形化示例。

4.2 深度强化学习

为了学习一种好的表示,需要构建具有一定"深度"的模型,并通过学习算法来让模型自动学习出好的特征表示(从底层特征,到中层特征,再到高层特征),从而最终提升预测模型的准确率。所谓的"深度"是指原始数据进行非线性特征转换的次数。如果把一个表示学习系统看作一个有向图结构,深度也可以看作从输入节点到输出节点所经过的最长路径的长度。

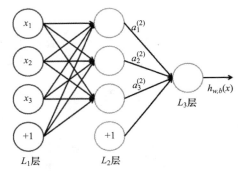

图 4-7 反向传播图形化示例

这样就需要一种学习方法可以从数据中学习一个"深度模型",这就是深度学习(Deep Learning,DL)。深度学习是机器学习的一个子问题,其主要目的是从数据中自动学习到有效的特征表示。

图 4-8 给出了深度学习的数据处理流程。通过多层的特征转换,把原始数据变成更高层次、更抽象的表示。这些学习到的表示可以替代人工设计的特征,从而避免"特征工程"。

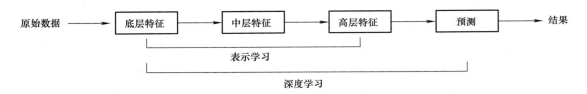

图 4-8 深度学习的数据处理流程

目前,深度学习采用的模型主要是神经网络模型,其主要原因是神经网络模型可以使用误差反向传播算法,从而可以比较好地解决贡献度分配问题。只要是超过一层的神经网络都会存在贡献度分配问题,因此可以将超过一层的神经网络都看作深度学习模型。随着深度学习的快速发展,模型深度也从早期的 5~10 层增加到目前的数百层。随着模型深度的不断增加,其特征表示的能力也越来越强,从而使后续的预测更加容易。

4.2.1 卷积运算

从数学来说,卷积可以理解为一种类似加权运算一样的操作。在图像处理中,针对图像的像素矩阵,卷积操作就是用一个卷积核来逐行逐列地扫描像素矩阵,并与像素矩阵做元素相乘,以此得到新的像素矩阵。这个过程就是卷积。其中卷积核也叫过滤器或者滤波器,滤波器在输入像素矩阵上扫过的面积称之为感受野。

卷积有两个部分,一个是图像,一个是卷积核。卷积核对图像做平移卷积计算输出新的图像的过程就是卷积。图像在计算机中是一堆按顺序排列的数字,数值为 0~255。0 表示最暗,255 表示最亮。可以把这堆数字用一个长长的向量来表示,类似 tensorflow 的向量的表示方式。然而用向量表示的话会失去平面结构的信息,为保留该平面结构信息，通常选择矩阵的表示方式。有些图片是灰度图，普遍的图片表达方式是 RGB 颜色模型。即，红、绿、蓝三原色的色光以不同的比例相加，以产生多种多样的色光。这样，RGB 颜色模型中，单个矩阵就扩展成了有序排列的三个矩阵，也可以用三维张量去理解，其中的每一个矩阵又叫这个图片的一个通道。在计算机中，一张图片是数字构成的"长方体"，可用宽、高、深（通道）来描述。卷积神经网络就是让权重在不同位置共享的神经网络。

1. 一维卷积

一般来说，一维卷积用于文本数据，只对宽度进行卷积，对高度不卷积。通常，输入大小为 word_embedding_dim * max_length。其中，word_embedding_dim 为词向量的维度，max_length 为句子的最大长度。卷积核窗口在句子长度的方向上滑动，进行卷积操作。

图 4-9 给出了一维卷积的具体流程示例。

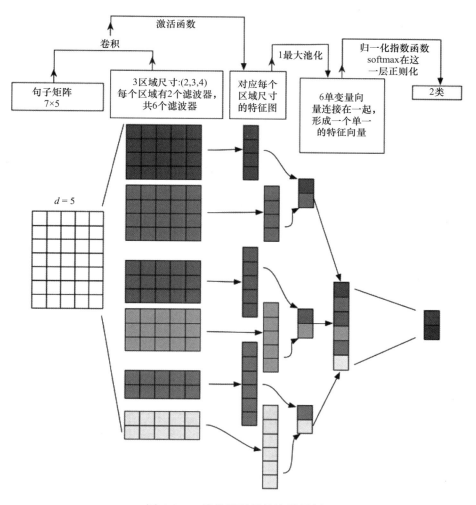

图 4-9 一维卷积的具体流程示例

2. 二维卷积

一般来说，二维卷积用于图像数据，对宽度和高度都进行卷积。假设现有大小为 32×32 的图片样本，输入样本的 channels 为 1，该图片可能属于 10 个类中的某一类。其框架定义如下：

网络整体结构为 [conv + ReLU + pooling] $\times$ 2 + FC $\times$ 3。

原始输入样本的大小为 $32 \times 32 \times 1$X 与乘号。

1）第一次卷积。使用 6 个大小为 5×5 的卷积核，故卷积核的规模为 $(5 \times 5) \times 6$；卷积操作的 stride 参数默认值为 1×1，$32-5+1 = 28$，并且使用 ReLU 对第一次卷积后的结果进行非线性处理，输出大小为 $28 \times 28 \times 6$。

2）第一次卷积后池化。kernel_size 为 2×2，输出大小变为 $14 \times 14 \times 6$。

3）第二次卷积。使用 16 个卷积核，故卷积核的规模为 $(5 \times 5 \times 6) \times 16$。使用 ReLU 对第二次卷积后的结果进行非线性处理，有 $14-5+1 = 10$，故输出大小为 $10 \times 10 \times 16$。

4）第二次卷积后池化。kernel_size 同样为 2×2，输出大小变为 $5 \times 5 \times 16$。

5）第一次全连接。将上一步得到的结果铺平成一维向量形式，$5 \times 5 \times 16 = 400$，即输入大小为 400×1；W 大小为 120×400，输出大小为 120×1。

6）第二次全连接。W 大小为 84×120，输入大小为 120×1，输出大小为 84×1。

7）第三次全连接。W 大小为 10×84，输入大小为 84×1，输出大小为 10×1，即分别预测为 10 类的概率值。

图 4-10 给出了二维卷积的具体流程示例。

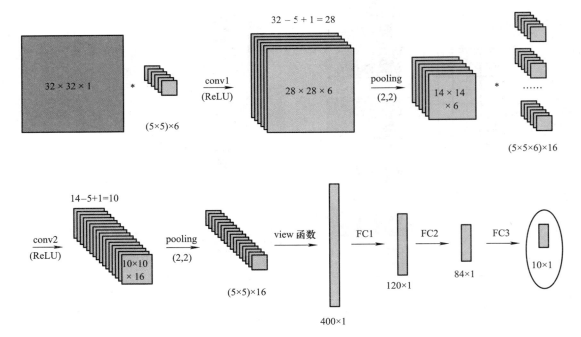

图 4-10 二维卷积的具体流程示例

4.2.2 卷积神经网络

卷积神经网络（Convolutional Neural Network，CNN），是一种专门用来处理具有类似网格结构的数据的神经网络。卷积网络是指那些至少在网络的一层中使用卷积运算来替代一般的矩阵乘法运算的神经网络。

1. 卷积神经网络的整体结构（见图 4-11）

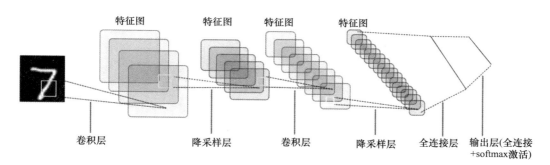

图 4-11　卷积神经网络整体结构

（1）输入层

在处理图像的 CNN 中，输入层一般代表了一张图片的像素矩阵。可以用三维矩阵代表一张图片。三维矩阵的长和宽代表了图像的大小，而三维矩阵的深度代表了图像的色彩通道。比如黑白图片的深度为 1，而在 RGB 色彩模式下，图像的深度为 3。

（2）卷积层（convolution layer）

卷积层是 CNN 最重要的部分。它与传统全连接层不同，卷积层中每一个节点的输入只是上一层神经网络的一小块。卷积层被称为过滤器（filter）或者内核（kernel）。tensorflow 的官方文档中称这个部分为过滤器（filter）。

在一个卷积层中，过滤器（filter）所处理的节点矩阵的长和宽都是由人工指定的，这个节点矩阵的尺寸也被称为过滤器尺寸。常用的尺寸有 3×3 或 5×5，而过滤层处理的矩阵深度和当前处理的神经层网络节点矩阵的深度一致。

图 4-12 给出了图形化卷积过程中的部分节点。

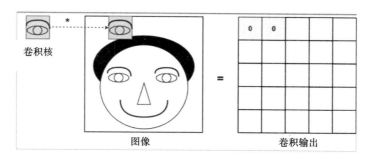

图 4-12　图形化卷积过程

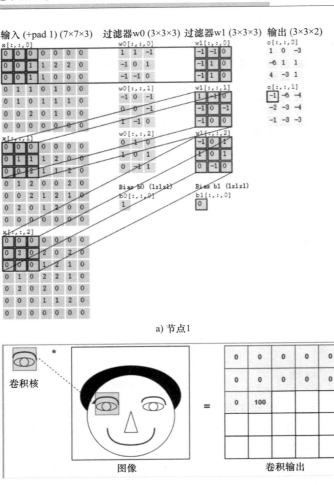

a) 节点1

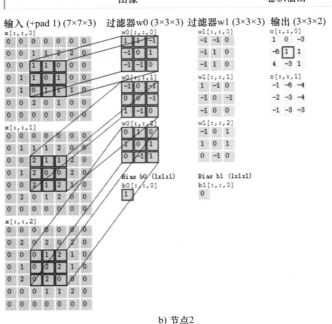

b) 节点2

图4-12 图形化卷积过程（续）

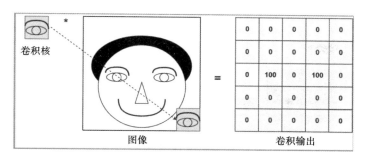

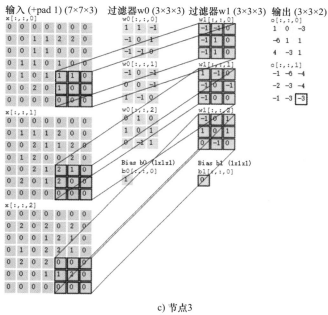

c) 节点3

图 4-12 图形化卷积过程（续）

（3）池化层

池化层又称为下采样，即进行卷积操作后，再将得到的特征图进行特征提取，将其中最具有代表性的特征提取出来，可以起到减小过拟合和降低维度的作用。其过程如图 4-13 所示。

1) 最大池化。顾名思义，最大池化就是每次取正方形中所有值的最大值，这个最大值也就相当于当前位置最具有代表性的特征。该过程如图 4-14 所示。

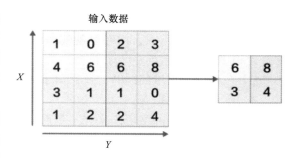

图 4-13 池化过程

2) 平均池化。平均池化就是取此正方形区域中所有值的平均值，考虑到每个位置的值对于此处特征的影响，平均池化计算也比较简单。该过程如图 4-15 所示。对于其中的参数含义与上面介绍的最大池化一致，另外，需要注意计算平均池化时采用向上取整。

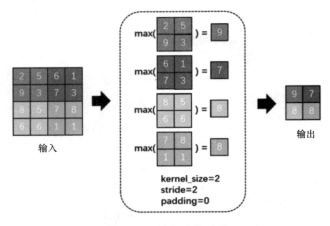

图 4-14　最大池化过程

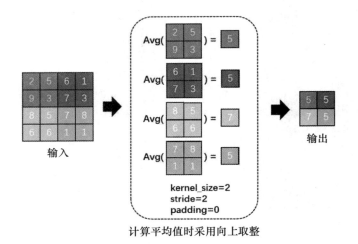

图 4-15　平均池化过程

以上就是关于池化层的所有操作。再回顾一下，经过池化后，可以提取到更有代表性的特征，同时还减少了不必要的计算，这对于现实中的神经网络计算大有裨益。因为现实情况中神经网络非常大，而经过池化层后，就可以明显提高模型的效率。所以说，池化层的好处很多，将其优点总结如下：

1）在减少参数量的同时，还保留了原图像的原始特征。
2）有效防止过拟合。
3）为卷积神经网络带来平移不变性。

（4）全连接层

全连接（Fully Connected，FC）层在整个卷积神经网络中起到"分类器"的作用。如果说卷积层、池化层和激活函数层等操作是将原始数据映射到隐藏特征空间的话，全连接层则起到将学到的"分布式特征表示"映射到样本标记空间的作用。全连接效果图例如图 4-16 所示。

可以看到，经过两次卷积和最大池化之后，得到最后的特征图，此时的特征都是经过计算后得到的,所以代表性比较强,最后经过全连接层,展开为一维的向量,再经过一次计算后,得到最终的识别概率,这就是卷积神经网络的整个过程。

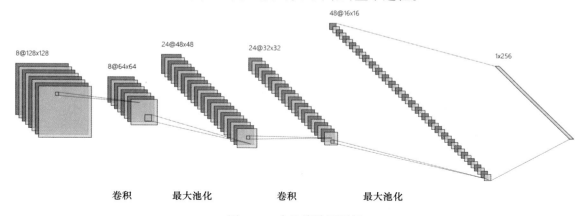

图 4-16 全连接效果图例

(5)输出层

卷积神经网络的输出层理解起来就比较简单了,只需要将全连接层得到的一维向量经过计算后得到识别值的一个概率,当然,这个计算可能是线性的,也可能是非线性的。在深度学习中,需要识别的结果一般都是多分类的,所以每个位置都会有一个概率值,代表识别为当前值的概率,取最大的概率值,就是最终的识别结果。在训练的过程中,可以通过不断地调整参数值来使识别结果更准确,从而达到最高的模型准确率。输出层图例如图 4-17 所示。

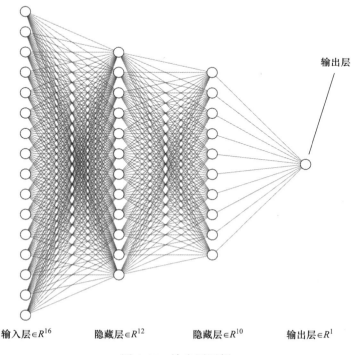

图 4-17 输出层图例

2. 几种常见的卷积神经网络

（1）LeNet-5 网络

LeNet-5 网络（LeCun 等，1998）提出的比较早，是一个非常成功的神经网络模型。基于 LeNet-5 网络的手写数字识别系统在 20 世纪 90 年代被美国很多银行使用，用来识别支票上面的手写数字。LeNet-5 的网络结构如图 4-18 所示。

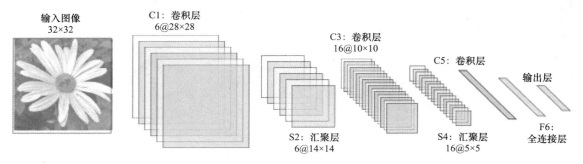

图 4-18　LeNet-5 的网络结构

（2）AlexNet 网络

AlexNet 的网络结构如图 4-19 所示，包括 5 个卷积层、3 个汇聚层和 3 个全连接层（其中最后一层是使用 softmax 函数的输出层）。因为网络规模超出了当时的单个 GPU 的内存限制，AlexNet 拆为两半，分别由两个 GPU 负责，GPU 间只在某些层（如第 3 层）进行通信。

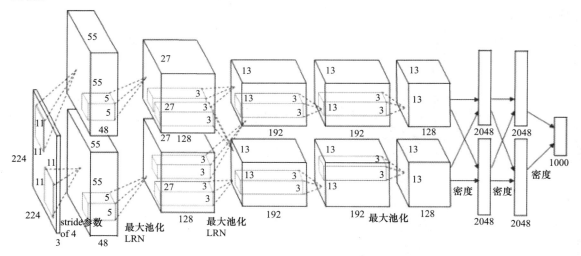

图 4-19　AlexNet 的网络结构

（3）Inception 网络

在卷积网络中，如何设置卷积层的卷积核大小是一个十分关键的问题。在 Inception 网络中，一个卷积层包含多个不同大小的卷积操作，称为 Inception 模块。Inception 网络是由有多个 Inception 模块和少量的汇聚层堆叠而成。Inception 模块受到了模型"NetworkinNetwork"（Lin 等，2013）的启发。Inception 模块同时使用 1×1、3×3、5×5 等不同大小的卷积核，并将得到的特征映射在深度上拼接（堆叠）起来作为输出特征映射。

Inception v1 模块结构如图 4-20 所示。

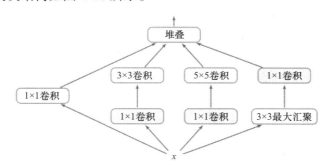

图 4-20　Inception v1 模块结构

4.2.3　循环神经网络

循环神经网络（Recurrent Neural Network，RNN）是一类具有短期记忆能力的神经网络。在循环神经网络中，神经元不但可以接收其他神经元的信息，也可以接收自身的信息，形成具有环路的网络结构。和前馈神经网络相比，循环神经网络更加符合生物神经网络的结构。循环神经网络已经被广泛应用在语音识别、语言模型以及自然语言生成等任务上。循环神经网络的参数学习可以通过随时间反向传播算法（Werbos，1990）来学习。随时间反向传播算法，是指按照时间的逆序将错误信息一步步地往前传递。当输入序列比较长时，会存在梯度爆炸和消失问题（Bengio 等，1994；Hochreiter 等，1997，2001），也称为长程依赖问题。为了解决这个问题，人们对循环神经网络进行了很多改进，其中最有效的改进方式是引入了门控机制（gating mechanism）。

循环神经网络的整体结构

循环神经网络通过使用带自反馈的神经元，能够处理任意长度的时序数据。循环神经网络也经常被翻译为递归神经网络，但为了区别于另外一种递归神经网络（Recursive Neural Network，RecNN），这里称为循环神经网络。给定一个输入序列 $x_{1:T}=(x_1,x_2,\cdots,x_t,\cdots,x_T)$，循环神经网络通过下面公式更新带反馈边的隐藏层的活性值 h_t：

$$h_t = f(h_{t-1}, x_t)$$

式中，$h_t=0$ 时，$f(\ )$ 为一个非线性函数，可以是一个前馈网络。图 4-21 给出了循环神经网络示例。其中的"延迟器"为一个虚拟单元，用来记录神经元的最近一次（或几次）活性值。

4.3　案例分析

本节提供一个使用神经网络的进行交通流量预测的示例，其中模型的输入为一个包含多种信息的数据集。数据结构包含多种索引。程序中数据集的数据结构见表 4-1。

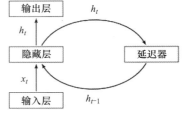

图 4-21　循环神经网络示例

表 4-1 数据集数据结构

	Holiday	Temp	Rain-1h	Snow-1h	Clouds-all	Weather-main	Weather-description	Date-time	Teaffic-volume
0	None	288.28	0.0	0.0	40	Clouds	Scattered clouds	2012-10-02 09:00:00	5545
1	None	289.36	0.0	0.0	75	Clouds	Broken clouds	2012-10-02 10:00:00	4516
2	None	289.58	0.0	0.0	90	Clouds	Overcast clouds	2012-10-02 11:00:00	4767
3	None	290.13	0.0	0.0	90	Clouds	Overcast clouds	2012-10-02 12:00:00	5026
4	None	291.14	0.0	0.0	75	Clouds	Broken clouds	2012-10-02 13:00:00	4918

之后对数据集进行处理操作，按照年月日的时间分割区间进行可视化处理，如图 4-22～图 4-24 所示。

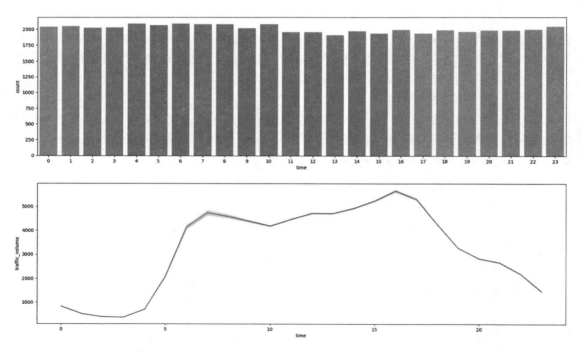

图 4-22 时间交通流量可视化处理结果

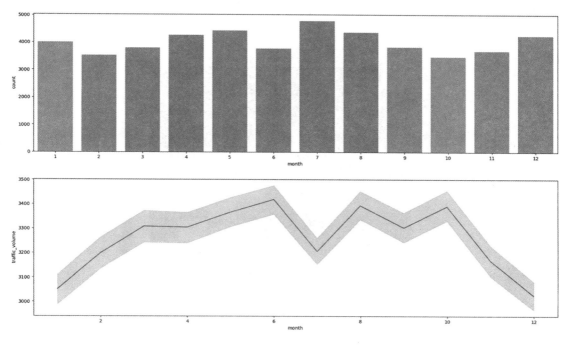

图 4-23　月交通流量可视化处理结果

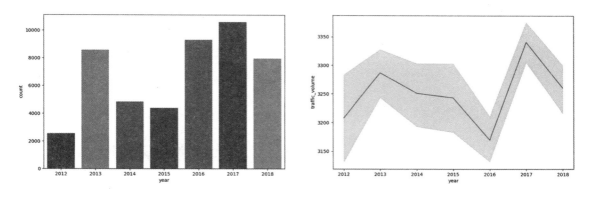

图 4-24　年交通流量可视化处理结果

再根据数据的特征从其他几个维度分别进行分析，最后得到不同特征之间的相关性如图 4-25 所示。

最后使用线性回归、决策树、随机森林等一系列机器学习操作训练数据集，并将真实数据与预测数据进行对比，结果如图 4-26～图 4-28 所示。

最后，对模型本身进行误差校验，结果如图 4-29 所示。

85

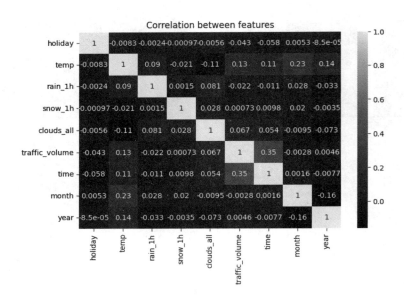

图 4-25　不同特征之间的相关性

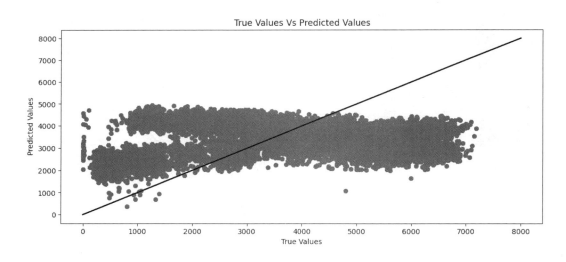

图 4-26　线性回归误差对比结果

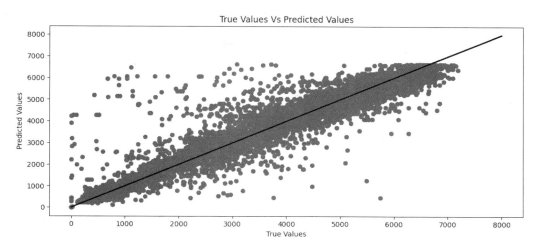

图 4-27　决策树误差对比结果

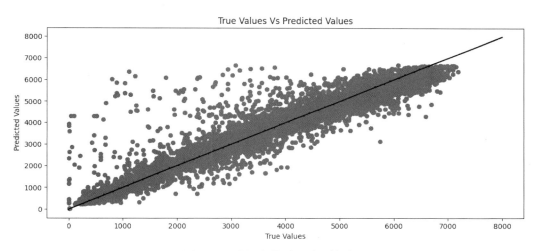

图 4-28　随机森林误差对比结果

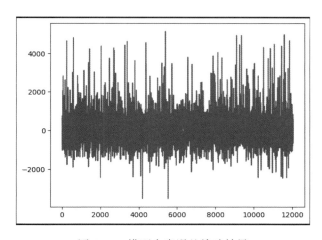

图 4-29　模型自身误差检验结果

其代码如下:

```python
# 导入必要的库
from keras.models import Sequential
from keras.layers import Dense, Dropout
from keras.wrappers.scikit_learn import KerasRegressor
from sklearn.model_selection import cross_val_score, KFold
from sklearn.pipeline import Pipeline
from sklearn.metrics import mean_squared_error, r2_score
from math import sqrt


# 定义一个使用Keras的神经网络模型
def nn_model():
# 创建一个序列模型
model = Sequential()

# 添加一个包含128个神经元的密集层,输入维度为10,激活函数为ReLU
model.add(Dense(128, input_dim=10, kernel_initializer='normal', activation='relu'))

# 添加一个包含256个神经元的密集层,激活函数为ReLU
model.add(Dense(256, kernel_initializer='normal', activation='relu'))

# 添加一个包含256个神经元的密集层,激活函数为ReLU
model.add(Dense(256, kernel_initializer='normal', activation='relu'))

# 添加输出层,包含1个神经元(用于回归问题),没有激活函数
model.add(Dense(1, kernel_initializer='normal'))

# 使用方均误差损失和Adam优化器编译模型
model.compile(loss='mean_squared_error', optimizer='adam')

# 返回编译后的模型
return model

# 使用定义的神经网络模型创建KerasRegressor
estimator = KerasRegressor(build_fn=nn_model, epochs=10, batch_size=5, verbose=0)

# 创建一个包含10个拆分的KFold交叉验证对象
kfold = KFold(n_splits=10)

# 将神经网络模型拟合到训练数据
estimator.fit(X_train, Y_train)

# 在验证集上进行预测
Y_pred_nn = estimator.predict(X_val)

# 计算并打印方均根误差
```

```
print('方均根误差: ', sqrt(mean_squared_error(Y_val, Y_pred_nn)))

# 计算并打印决定系数(R-squared)
print('决定系数(R-squared): ', r2_score(Y_val, Y_pred_nn))
```

上述代码实现了一个使用Keras库构建神经网络回归模型的过程,并使用交叉验证评估模型性能。具体来说,代码的主要功能如下:

(1)构建神经网络模型

使用Keras库构建了一个具有多个隐藏层的神经网络回归模型。该模型包括一个输入层(包含10个特征)、两个包含ReLU激活函数的隐藏层(分别包含128和256个神经元),以及一个输出层(包含1个神经元,用于回归问题)。

(2)配置模型

编译模型时使用了方均误差(MSE)作为损失函数,并使用Adam优化器。

(3)创建KerasRegressor

使用KerasRegressor包装了上述定义的神经网络模型,以便能够在scikit-learn中使用它进行回归任务。

(4)交叉验证

使用KFold创建了一个包含10个拆分的交叉验证对象。然后,模型被拟合到训练数据,并在验证集上进行预测。最后,计算并打印了方均根误差(Root Mean Squared Error, RMSE)和决定系数(Coefficient of Determination,R-squared)作为模型性能的评估指标。

当调用nn_model()函数时,会创建以下结构的神经网络模型:

(1)输入层

128个神经元;输入维度(input_dim)为10;激活函数(activation)为ReLU;这一层对输入数据进行线性变换,并使用ReLU激活函数。ReLU在负数部分输出0,对正数部分输出原值,有助于引入非线性性。

(2)隐藏层1

256个神经元;激活函数(activation)为ReLU;正态分布这一层进一步提取特征,具有更多的神经元以捕捉输入中的复杂关系。

(3)隐藏层2

256个神经元;激活函数(activation)为ReLU;正态分布这是另一个具有256个神经元的隐藏层,进一步提高模型的表达能力。

(4)输出层

一个神经元;无激活函数;输出层,其中只有一个神经元,用于回归问题。由于是回归任务,输出层采用线性激活函数,直接输出模型的预测值。

(5)模型编译

损失函数为mean_squared_error(方均误差);优化器(optimizer)为Adam 模型被编译,使用方均误差作为损失函数,Adam优化器进行权重更新。其结果如图4-29所示。

第 5 章

杭州地铁客流数据分析实践

浙江省杭州市位于我国华东地区,为浙江省省会,总面积为 16850km², 常住人口为 1237.6 万人。1984 年,杭州市有关部门着手研究杭州市轨道交通规划。2007 年,杭州地铁 1 号线一期工程开工,并于 2012 年正式开通运营;其后几年,杭州地铁发展进入高速发展时期,2 号线、4 号线、6 号线、7 号线相继开始建设施工。截至 2023 年 2 月,杭州地铁共有 12 条线路投入运营,线路全网日均输送客流 320 万人次。

本案例使用杭州地铁 2019 年进出站闸机刷卡数据作为数据源。本章程序中杭州地铁的数据样例见表 5-1。

表 5-1 本章程序中杭州地铁的数据样例

数据名	time	lineID	stationID	deviceID	status	userID	payType
数据内容	2019-01-01 02:00:05	B	27	1354	0	D13f76	3
	2019-01-01 02:01:40	B	5	200	1	D9a337	3
	2019-01-01 02:01:53	B	5	247	0	Dc9e17	3
	2019-01-01 02:02:38	B	5	235	0	D9a337	3
	2019-01-01 02:03:42	B	23	1198	0	Dd1cde	3

其中,原始数据被存储为 .csv 的格式,共有 7 列,分别表示进(出)站时间、闸机所属线路编号、所属站编号、闸机编号、进(出)站状态、乘客编号及付费类型。本书采用了杭州地铁 2019 年 1 月 1 日～2019 年 1 月 25 日共 25 天的杭州市各个站点刷卡数据。

5.1 数据统计

由于所持有的原始数据是单一的刷卡数据,不具备统计意义,因此需要对原始数据进行一定的处理,挖掘数据间蕴含的关系。

5.1.1 10 分钟客流集计

对某条线路、某一站点的进出站客流每隔 10 分钟进行集计,以获得相应时间段内的客流量。下面使用的数据为杭州地铁 2019 年 1～25 日的刷卡数据。相应的可执行的 Python 代码如下:(用相对路径)

```python
1    import pandas as pd
2    import os
3    """
4    读取文件夹目录
5    """
6    for dirname, _, filenames in os.walk('E:/manuscript/HangZhou_Metro'):
7        for filename in filenames:
8    print(os.path.join(dirname, filename))
9    """
10   读取文件
11   """
12   df_data = pd.read_csv(r'E:/manuscript/HangZhou_Metro/record_2019-01-01.csv', encoding='gbk')
13   """
14   转换时间格式
15   """
16   format_tm = "%Y-%m-%d %H:%M:%S"    # 2019-01-02 19:31:00 的格式
17   df_data.isetitem(0, pd.to_datetime(df_data['time'], format=format_tm))
18   print(df_data.head())
19   """
20   分组计数
21   组内不同列用不同函数:df.groupby(column).agg({column1:func, column2:func,…})
22   """
23   group_linestation = df_data.groupby(["lineID", "stationID", pd.Grouper(key='time', freq='10min'), 'status']).agg(
24       'count')
25   print(group_linestation.head())
26   """
27   修改列名,并删除多余列
28   """
29   group_linestation.rename(columns={'userID': 'flow'}, inplace=True)
30   group_linestation.drop(columns=['deviceID', 'payType'], inplace=True)
31   print(group_linestation)
32   group_linestation.to_csv('test.csv', index=True)    # 不带序号 index
```

注意,其中代码第6行和第12行应替换为相应文件在自己计算机中的地址。

执行以上代码后,即可得到如下统计结果(部分):

```
line_id,station_id,date_time,flow_type,pedestrian_flow
A,67,2019-01-01 05:40:00,0,4
A,67,2019-01-01 05:40:00,1,15
A,67,2019-01-01 05:50:00,1,17
A,67,2019-01-01 06:00:00,1,13
A,67,2019-01-01 06:10:00,0,1
A,67,2019-01-01 06:10:00,1,31
A,67,2019-01-01 06:20:00,0,7
A,67,2019-01-01 06:20:00,1,17
A,67,2019-01-01 06:30:00,0,6
```

可以看到,程序将2019年1月1日的数据按照线路、站点、进出站状态进行了划分,并每隔 10 分钟，将客流数据进行了集计。

5.1.2 站点 5 分钟粒度进站客流量

以 5 分钟为一个时间分段，统计某一站点全天所有时间段的客流量，并绘制散点图以便观测趋势。下面使用的数据为杭州地铁 2019 年 1 月 1 日的刷卡数据。相应的可执行 Python 代码如下：

```
1   import pandas as pd
2
3   """
4   加载数据
5   """
6   df_data = pd.read_csv(r'E:/manuscript/HangZhou_Metro/record_2019-01-01.csv', encoding='gbk')
7       # print(df_data.dtypes)
8       # print(df_data.head())
9
10  """
11  按照线路、车站分组
12  """
13  group_linestation = df_data.groupby(["lineID", "stationID"]).groups   # 不加 ".group" 只会打印出内存地址
14  print(group_linestation)
15
16  """
17  构造新的dataframe
18  """
19  df_vol_all = pd.DataFrame()    # 用于记录所有车站进站人数
20  for line_id, station_id in group_linestation.keys():
21      # 获取某个车站的数据
22  df_station = df_data.loc[df_data['stationID'] == station_id, ['time', 'status', 'deviceID']]
23
24      # 转换列为datetime
25  format_tm = "%Y-%m-%d %H:%M:%S"   # 2019-01-02 19:31:00 的格式
26  df_station.isetitem(0, pd.to_datetime(df_station['time'], format=format_tm))
27      # isetitem 函数，更改df中的数据，isetitem(self, loc, value)
28      # print(df_station.dtypes)
29      # print(df_station.head())
30
31      # 统计每5分钟进站人数
32  df_group_by_time = df_station.groupby([pd.Grouper(key='time', freq='5min'), 'status'])
33  df_group_by_time_count = df_group_by_time.count()
34      # print(df_group_by_time_count.head())
35
36      # 一天数据的个数
```

```
37    record_num = len(df_group_by_time_count)
38        # 准备数据
39    t_line_id = [line_id] * record_num
40    t_station_id = [station_id] * record_num
41    t_data_gaps = [i[0] for i in df_group_by_time_count.index.values.tol
      ist()]
42    t_type = [i[1] for i in df_group_by_time_count.index.values.tolist()]
43        # print(t_type)
44    t_vol = df_group_by_time_count['deviceID'].to_list()
45
46        # 汇总到一个 list
47    t_all = [[], [], [], [], []]
48    t_all[0] = t_line_id
49    t_all[1] = t_station_id
50    t_all[2] = t_data_gaps
51    t_all[3] = t_type
52    t_all[4] = t_vol
53
54        # 生成 df
55    df_vol = pd.DataFrame(t_all).transpose()    # 转置
56    df_vol.columns = ['line_id', 'station_id', 'date_time', 'flow_type',
      'pedestrian_flow']
57    df_vol_all = pd.concat([df_vol_all, df_vol])    # 合并
58
59    print(df_vol_all)
60
61    station_5min_enter = df_vol_all[df_vol_all["flow_type"] == 1]
62    station_5min_enter = station_5min_enter[station_5min_enter["station_id"]
      == 67]
63    print(station_5min_enter)
64    station_5min_enter.to_csv('test.csv', index=False)
65
66    station_5min_exit = df_vol_all[df_vol_all["flow_type"] == 0]
67    print(station_5min_exit)
68    station_5min_exit.to_csv('test1.csv', index=False)
69
70
71    import matplotlib.pyplot as plt
72
73    plt.scatter(station_5min_enter['date_time'],
      station_5min_enter['pedestrian_flow'])
74    plt.xlabel('date_time')
75    plt.ylabel('pedestrian_flow')
76    plt.title('5-minute granularity of inbound traffic at the site')
77    plt.show()
```

注意，其中代码第 6 行应替换为相应文件在自己计算机中的地址。

其中，通过改变第 62 行的站点编号，以获得想要查看的站点客流量。执行以上代码后，即可得到散点图（见图 5-1）。该散点图清晰地表示出该站点的全天进站客流量统计情况。

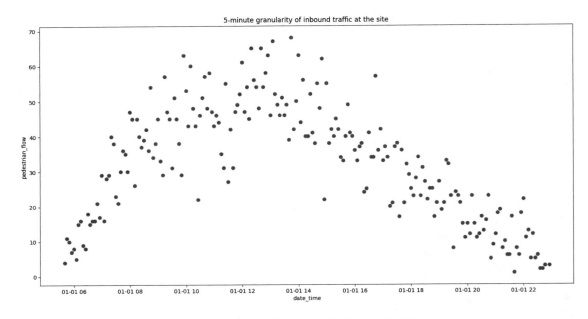

图 5-1 某站点 5 分钟粒度进站客流量散点图

5.1.3 各个站点 5 分钟粒度下进站乘客平均乘车时间

对于每个站点以每 5 分钟为一个时间间隔，统计在这个时间间隔内进站的乘客平均乘车时间。下面使用的数据为杭州地铁 2019 年 1 月 1 日的刷卡数据。相应的可执行 Python 代码如下：

```
1   import pandas as pd
2   import time
3   
4   # pd.set_option('display.max_rows', None)
5   pd.set_option('display.max_columns', None)
6   
7   start_time = time.time()
8   
9   df_data = pd.read_csv(r'E:/manuscript/HangZhou_Metro/record_2019-01-01.csv', encoding='gbk')
10  
11  df_data = df_data.sort_values(by=['userID', "time"])
12  
13  df_data = df_data.drop(columns=['deviceID', 'payType'])
14  
15  for i in df_data.columns:
16      df_data[i + '1'] = df_data[i].shift(-1)
17  
18  df = df_data[(df_data['userID'] == df_data['userID1']) & (df_data['status'] == 1)
        & (df_data['status1'] == 0.0)]
19  
```

```
20    format_tm = "%Y-%m-%d %H:%M:%S"
21    df.isetitem(0, pd.to_datetime(df['time'], format=format_tm))
22    df.isetitem(5, pd.to_datetime(df['time1'], format=format_tm))
23    df['time_difference'] = df['time1'] - df['time']
24
25    df = df.sort_values(by=['stationID', 'time'])
26
27    df['second'] = df['time_difference'].dt.total_seconds()
28
29    df['time'] = df['time'].dt.floor('5min')
30
31    df_interval_time = df.groupby(['stationID', 'time']).mean('second').
      round(2)
32
33    df_interval_time.drop(columns=['status', 'stationID1', 'status1'],
      inplace=True)
34
35    hours = df_interval_time['second'] // 3600
36    minutes = (df_interval_time['second'] % 3600) // 60
37    seconds = (df_interval_time['second'] % 3600) % 60
38
39    df_interval_time['average'] = hours.astype(int).map("{:02d}".format) +
      ':' + minutes.astype(int).map("{:02d}".format) \
40                               + ':' + seconds.astype(int).map("{:02d}".format)
41
42    print(df_interval_time)
43    df_interval_time.to_csv('3.各个站5分钟粒度下进站乘客平均乘车时间.csv')
44
45    end_time = time.time()
46    execution_time = end_time - start_time
47
48    print(f"程序运行时间：{execution_time} 秒")
```

注意，其中代码第9行和第43行应替换为相应文件在自己计算机中的地址。

执行以上代码后，得到如下统计结果（部分）：

```
stationID,time,second,average
0,2019-01-01 05:35:00,2511.0,00:41:51
0,2019-01-01 05:40:00,6363.5,01:46:03
0,2019-01-01 05:45:00,2145.5,00:35:45
0,2019-01-01 05:50:00,2523.0,00:42:03
0,2019-01-01 05:55:00,2567.0,00:42:47
0,2019-01-01 06:00:00,1835.0,00:30:35
0,2019-01-01 06:05:00,2207.82,00:36:47
0,2019-01-01 06:10:00,2195.27,00:36:35
0,2019-01-01 06:15:00,2372.8,00:39:32
```

每列分别表示进站序号、进站时间所属时间段、平均乘车时间（秒）、平均乘车时间。

5.1.4 早高峰进站人数

统计早高峰时段某一车站的进站人数是有意义的，了解早高峰时段进站人数可以帮助城市规划者更好地了解哪些车站面临着较大的客流压力。这有助于优化地铁线路和车站设施，以满足需求，减少拥堵，提高交通效率。下面使用的数据为杭州地铁2019年1月1~25日的刷卡数据。相应的可执行Python代码如下：

```
1   import pandas as pd
2   import os
3   import time
4
5   start = time.time()
6
7   """
8   读取文件夹目录
9   """
10  File_list = []
11  for dirname, _, filenames in os.walk('HangZhou_Metro'):
12      for filename in filenames:
13  file_list = os.path.join(dirname, filename)
14          # 判断文件名是否以 'record_2019-01' 开头并且是 CSV 文件
15  if filename.startswith('record_2019-01') and filename.lower().end-
    swith('.csv'):
16  File_list.append(file_list)
17  print(File_list)
18
19
20  def Find_date(ind):
21  date_list = [str(i) for i in range(1, 32)]
22  start_time_text = '2019-01-%s 07:00:00' % (date_list[ind])
23  end_time_text = '2019-01-%s 09:00:00' % (date_list[ind])
24      return start_time_text, end_time_text
25
26
27  df = pd.DataFrame()
28  for inx, file_name in enumerate(File_list):
29  df_data = pd.read_csv(file_name, encoding='gbk')
30
31  format_tm = "%Y-%m-%d %H:%M:%S"
32  df_data.isetitem(0, pd.to_datetime(df_data['time'], format=format_tm))
33
34  start_time = pd.Timestamp(Find_date(inx)[0])
35  end_time = pd.Timestamp(Find_date(inx)[1])
36
37  morning_peak_df = df_data[
38          (df_data['time'] >= start_time) & (df_data['time'] <= end_time) &
```

```
            (df_data['status'] == 0.0)]
39      drope_df = morning_peak_df.drop(columns=['time', 'lineID', 'deviceID',
        'userID', 'payType'])
40      count_df = drope_df.groupby('stationID').count()
41      count_df.rename(columns={'status': 'sum_day%s' % (inx + 1)}, inplace=True)
42          # print(count_df.head())
43      df = pd.concat([df, count_df], axis=1)
44          print(df)
45
46          if inx == 24:
47   df.to_csv("4.所有站早高峰进站人数.csv")
48
49   end = time.time()
50   execution_time = end - start
51
52   print(f"程序运行时间：{execution_time} 秒 ")
```

注意，其中代码第 11 行应替换为相应文件在自己计算机中的地址。

执行以上代码后，即可得到如下统计结果（部分）：

```
stationID,sum_day1,sum_day2,sum_day3,sum_day4,sum_day5,sum_day6,sum_day7,sum_
day8,sum_day9,sum_day10,sum_day11,sum_day12,sum_day13,sum_day14,sum_day15,
sum_day16,sum_day17,sum_day18,sum_day19,sum_day20,sum_day21,sum_day22,sum_
day23,sum_day24,sum_day25
0,430,975,1003,994,562,503,1143,1060,995,965,1043,588,573,1176,1080,1314,1115,
1120,611,496,1189,1174,1090,1102,1201
1,223,530,472,475,250,202,463,481,483,477,448,284,243,490,456,463,482,483,254,
235,481,439,439,480,416
2,670,5842,5353,5320,1644,640,5908,5374,5352,5370,5297,1636,687,5882,5196,5329,
5354,5324,1658,757,6071,5290,5357,5307,4996
3,357,2107,1907,1810,633,416,2110,1924,1852,1881,1868,629,445,2111,1830,1858,
1856,1841,664,480,1907,1753,2163,1681,1624
4,1440,14447,13816,13687,3537,1761,14479,13761,13744,13444,13243,3279,1718,14416,
13562,13638,13742,13733,3708,2031,14617,13654,13519,13622,12930
5,921,6767,6723,6500,2216,1442,7082,6831,6795,6627,6611,1911,1488,6956,6748,
6772,6820,6856,1939,1337,7043,6798,6738,6698,6601
6,682,1562,1470,1441,884,755,1542,1501,1549,1485,1488,943,732,1593,1524,1509,
1550,1529,1120,835,1681,1610,1569,1383,1533
7,3211,7644,7170,6928,3645,3148,7895,7308,7325,7274,7180,3933,3572,7887,7504,
7686,7742,7756,4555,4330,9157,8696,9040,9043,8997
8,1459,5717,5495,5413,2121,2155,5638,5574,5627,5578,5433,2262,1914,5669,5483,
5606,5389,5432,2008,2064,5693,5563,5763,5545,5520
```

所得结果为 26×81 的表格，其中每一行表示一个车站，所用数据中杭州地铁共有 80 座车站，每一列表示该日期下的乘客数量。

5.1.5 线路 B 早高峰进站客流可视化

统计一条线路在不同日期的客流量,并绘制折线图,这有利于研究者更好地观察线路客流量在工作日和节假日的差异变化。下面使用的数据为 5.1.4 节早高峰进站所生成的 csv 文件。相应的可执行的 Python 代码如下:

```
1    import pandas as pd
2    import matplotlib.pyplot as plt
3
4    df_data = pd.read_csv(r'E:/manuscript/pythonProject/4.所有站早高峰进站人
     数.csv', encoding='gbk')
5    print(df_data)
6
7    B_line_start = 0
8    B_line_end = 33
9    B_line_df = df_data[(df_data['stationID'] >= B_line_start) & (df_
     data['stationID'] <= B_line_end)]
10   print(B_line_df)
11
12   X = B_line_df['stationID'].tolist()
13   print(X)
14
15   Y = []
16   for column in B_line_df.iloc[:, 1:]:
17       column_values = B_line_df[column].tolist()
18       Y.append(column_values)
19
20   fig, ax = plt.subplots()
21
22   for i, y in enumerate(Y):
23       label = f'2019-01- {i + 1}'
24       ax.plot(X, y, label=label)
25
26   ax.legend()
27   ax.set_xticks(X)
28   ax.set_title('Lines B')
29   ax.set_xlabel('StationID')
30   ax.set_ylabel('Passenger amount')
31
32   # 显示图形
33   plt.show()
```

注意,其中代码第 4 行应替换为相应文件在自己计算机中的地址。

通过查阅杭州地铁其他线路的站点编号,并改变代码中的站点编号范围,可以获得想要查看的站点所属的线路。执行以上代码后,即可得到折线图(见图 5-2)。该折线图可以清晰地表示出该线路全部站点的不同日期的客流变化趋势。

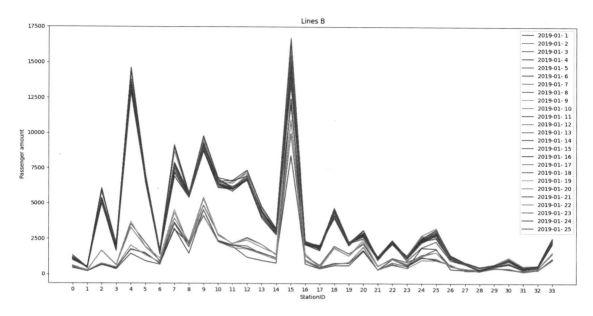

图 5-2　线路 B 早高峰进站客流折线图

5.1.6　乘客编号路径追踪

由于从原始数据中只能获得单一状态（进、出站）的客流数据，不能直观观测客流路径，因此本节聚焦于乘客的完整出行链路，并计算其在线时间。下面使用的数据为杭州地铁 2019 年 1 月 1~25 日的刷卡数据。相应的可执行的 Python 代码如下：

```
1   import pandas as pd
2   import time
3
4   # pd.set_option('display.max_rows', None)
5   pd.set_option('display.max_columns', None)
6
7   start_time = time.time()
8
9   date_list = [f"{i:02d}" for i in range(8, 26)]
10
11  for date in date_list:
12      df_data = pd.read_csv(r'E:/manuscript/HangZhou_Metro/record_2019-01-%s.csv' % date, encoding='gbk')
13
14      df_data = df_data.sort_values(by=['userID', "time"])
15
16      df_data = df_data.drop(columns=['deviceID', 'payType'])
17
18      for i in df_data.columns:
19          df_data[i + '1'] = df_data[i].shift(-1)
20
```

```
21  df = df_data[(df_data['userID'] == df_data['userID1']) & (df_
    data['status'] == 1) & (df_data['status1'] == 0) &
22              (df_data['stationID'] != df_data['stationID1'])]
23
24  format_tm = "%Y-%m-%d %H:%M:%S"
25  df.isetitem(0, pd.to_datetime(df['time'], format=format_tm))
26  df.isetitem(5, pd.to_datetime(df['time1'], format=format_tm))
27  df['time_difference'] = df['time1'] - df['time']
28
29  df = df.sort_values(by=['stationID', 'time'])
30
31  df['second'] = df['time_difference'].dt.total_seconds()
32
33      hours = df['second'] // 3600
34      minutes = (df['second'] % 3600) // 60
35      seconds = (df['second'] % 3600) % 60
36
37  df['average']=hours.astype(int).map("{:02d}".format)+':'+minutes.
    astype(int).map("{:02d}".format) \
38              + ':' + seconds.astype(int).map("{:02d}".format)
39
40      print(df)
41  df.to_csv(r'E:/manuscript/pythonProject/path/2019-01-%s.csv' % date)
42
43  end_time = time.time()
44  execution_time = end_time - start_time
45
46  print(f"程序运行时间:{execution_time}秒")
```

注意,其中代码第12行和第41行应替换为相应文件在自己计算机中的地址。

执行以上代码后,即可得到如下统计结果(部分):

```
_,time,lineID,stationID,status,userID,time1,lineID1,stationID1,status1,userID
1,time_difference,second,average
312,2019-01-01
05:35:44,B,0,1,Cfdcf62087a937c7423f0b6933103614b,2019-01-01
06:17:35,B,8.0,0.0,Cfdcf62087a937c7423f0b6933103614b,0 days
00:41:51,2511.0,00:41:51
433,2019-01-01
05:42:55,B,0,1,D9c231558774a57b4ad991f30f1d593ca,2019-01-01
08:54:22,B,15.0,0.0,D9c231558774a57b4ad991f30f1d593ca,0 days
03:11:27,11487.0,03:11:27
530,2019-01-01
05:44:38,B,0,1,B0a3c98e22bf4c1183409fa43fc4871d0,2019-01-01
06:05:18,B,4.0,0.0,B0a3c98e22bf4c1183409fa43fc4871d0,0 days
00:20:40,1240.0,00:20:40
602,2019-01-01
05:45:32,B,0,1,B457284f04dae884defa211b40751f9a8,2019-01-01
06:09:16,B,5.0,0.0,B457284f04dae884defa211b40751f9a8,0 days
00:23:44,1424.0,00:23:44
```

668,2019-01-01 05:46:26,B,0,1,C5f1788a467e47908669c5563cdab0aed,2019-01-01 06:34:13,B,15.0,0.0,C5f1788a467e47908669c5563cdab0aed,0 days 00:47:47,2867.0,00:47:47
1663,2019-01-01 05:51:50,B,0,1,D686ce7355e407a62df9117e65f74263b,2019-01-01 06:33:53,B,15.0,0.0,D686ce7355e407a62df9117e65f74263b,0 days 00:42:03,2523.0,00:42:03
2524,2019-01-01 05:55:28,B,0,1,B548d1d6bacd9b9c9a2f0eeb26fec7c39,2019-01-01 06:37:45,B,15.0,0.0,B548d1d6bacd9b9c9a2f0eeb26fec7c39,0 days 00:42:17,2537.0,00:42:17
2553,2019-01-01 05:55:35,B,0,1,B601184b11ba38467a16fa60bdc438cae,2019-01-01 06:38:52,B,15.0,0.0,B601184b11ba38467a16fa60bdc438cae,0 days 00:43:17,2597.0,00:43:17
4191,2019-01-01 06:01:40,B,0,1,Abe5a4ee026b9f2bf02ef1c2fb540dee4,2019-01-01 06:28:12,B,9.0,0.0,Abe5a4ee026b9f2bf02ef1c2fb540dee4,0 days 00:26:32,1592.0,00:26:32

统计结果为一个完整的出行链，包括乘客编号、进站时间、进站线路与站点、出站时间、出站线路与站点、在线时间。

生成的出行链路文件如图 5-3 所示。

名称	类型	大小
2019-01-01.csv	Microsoft Excel 逗...	202,574 KB
2019-01-02.csv	Microsoft Excel 逗...	189,935 KB
2019-01-03.csv	Microsoft Excel 逗...	183,265 KB
2019-01-04.csv	Microsoft Excel 逗...	193,844 KB
2019-01-05.csv	Microsoft Excel 逗...	160,720 KB
2019-01-06.csv	Microsoft Excel 逗...	155,423 KB
2019-01-07.csv	Microsoft Excel 逗...	180,418 KB
2019-01-08.csv	Microsoft Excel 逗...	28,479 KB
2019-01-09.csv	Microsoft Excel 逗...	182,330 KB
2019-01-10.csv	Microsoft Excel 逗...	185,184 KB
2019-01-11.csv	Microsoft Excel 逗...	199,979 KB
2019-01-12.csv	Microsoft Excel 逗...	173,041 KB
2019-01-13.csv	Microsoft Excel 逗...	164,596 KB
2019-01-14.csv	Microsoft Excel 逗...	191,596 KB
2019-01-15.csv	Microsoft Excel 逗...	184,151 KB
2019-01-16.csv	Microsoft Excel 逗...	193,188 KB
2019-01-17.csv	Microsoft Excel 逗...	197,828 KB
2019-01-18.csv	Microsoft Excel 逗...	213,053 KB
2019-01-19.csv	Microsoft Excel 逗...	176,375 KB
2019-01-20.csv	Microsoft Excel 逗...	168,594 KB
2019-01-21.csv	Microsoft Excel 逗...	197,043 KB
2019-01-22.csv	Microsoft Excel 逗...	197,846 KB
2019-01-23.csv	Microsoft Excel 逗...	201,642 KB
2019-01-24.csv	Microsoft Excel 逗...	200,997 KB
2019-01-25.csv	Microsoft Excel 逗...	205,703 KB

图 5-3　生成的出行链路文件

5.2 数据聚类

本节使用 5.1.1 节的 10 分钟客流集计数据为数据源，对各个站点进行聚类；根据各个站点的进出站客流数据，划分站的类型。本节使用了 6 种常见的聚类算法，并进行对比实验，并引入轮廓系数等方法对聚类结果进行评估。相应的详细实验代码如下：

```
1   import os
2   os.environ['OMP_NUM_THREADS'] = '1'
3   import warnings
4
5   warnings.filterwarnings("ignore", category=UserWarning)
6
7   from sklearn import metrics
8
9   from sklearn.cluster import KMeans
10  from sklearn.cluster import MiniBatchKMeans
11  from sklearn.cluster import MeanShift
12  from sklearn.cluster import AffinityPropagation
13  from sklearn.cluster import DBSCAN
14  from sklearn.cluster import SpectralClustering
15
16  import matplotlib.pyplot as plt
17  import numpy as np
18  import pandas as pd
19
20  from time import time
21
22  # pd.set_option('display.max_rows', None)
23  pd.set_option('display.max_columns', None)
24
25  """整合数据的过程"""
26
27  df_data = pd.read_csv('1.各站进站出站10min客流统计.csv', encoding='gbk')
28
29  for i in df_data.columns:
30      df_data[i + '1'] = df_data[i].shift(-1)
31
32  df = df_data[
33      (df_data['station_id']==67) & (df_data['station_id'] == df_data['station_id1']) & (df_data['flow_type'] == 1) & (
34      df_data['flow_type1'] == 0)]
35
36  in_list = df['pedestrian_flow'].tolist()
37  out_list = df['pedestrian_flow1'].tolist()
38
39  combined_list = list(zip(in_list, out_list))
40
41  combined_array = np.array(combined_list)
```

```
42
43   print(len(combined_array))
44
45   """定义聚类结果评估函数"""
46
47
48   def bench_k_means(estimator, name, data, n_center):
49       t0 = time()
50   estimator.fit(data)
51   print('%-9s\t%-s\t\t\t%.2fs\t%i\t%.3f\t%.3f\t%.3f\t%.3f\t%.3f\t%.3f'
52             % (name, n_center, (time() - t0), estimator.inertia_,
     # estimator.inertia_: 表示聚类结果的总内部二次方和，是衡量聚类结果的紧密度或聚合度
     的指标
53   metrics.homogeneity_score(labels_k_means, estimator.labels_),    # 同质性:
     簇内的成员应该具有相似的特征，从而获得高的同质性分数
54   metrics.completeness_score(labels_k_means, estimator.labels_),
55             # 完整性: 完整性是一种用于评估聚类结果的度量，衡量了同一真实类别中的所
     有样本是否都被分配到了同一个簇中
56   metrics.v_measure_score(labels_k_means, estimator.labels_),
57              # v-measure 分数: 用于评估聚类结果的一致性和完整性。v-measure 综合了
     均一性和完整性的信息，通过平衡这两个指标来评估聚类效果
58   metrics.adjusted_rand_score(labels_k_means, estimator.labels_),    # 调整兰
     德系数: 度量聚类结果与真实类别标签之间的一致性
59   metrics.adjusted_mutual_info_score(labels_k_means, estimator.labels_),
60              # 调整互信息: 用于计算调整后的互信息的，考虑了随机分配的可能性，因此可
     以在比互信息更严格的情况下衡量聚类效果
61   metrics.silhouette_score(data, estimator.labels_,    # 轮廓系数: 衡量每个样本
     的聚类紧密度以及不同簇之间的分离程度
62                                           metric='euclidean',
63                                           )))
64
65
66   def mini_batch_k_means(estimator, name, data, n_center):
67       t0 = time()
68   estimator.fit(data)
69   print('%-9s\t%-s\t\t\t%.2fs\t%i\t%.3f\t%.3f\t%.3f\t%.3f\t%.3f\t%.3f'
70             % (name, n_center, (time() - t0), estimator.inertia_,
71   metrics.homogeneity_score(labels_mini_b_k_means, estimator.labels_),
72   metrics.completeness_score(labels_mini_b_k_means, estimator.labels_),
73   metrics.v_measure_score(labels_mini_b_k_means, estimator.labels_),
74   metrics.adjusted_rand_score(labels_mini_b_k_means, estimator.labels_),
75   metrics.adjusted_mutual_info_score(labels_mini_b_k_means, estimator.la-
     bels_),
76   metrics.silhouette_score(data, estimator.labels_,
77                                           metric='euclidean',
78                                           )))
79
80
81   def mean_shift_function(estimator, name, data, n_center):
82       t0 = time()
```

```
83     estimator.fit(data)
84     print('%-9s\t%-s\t\t%.2fs\t%s\t%.3f\t%.3f\t%.3f\t%.3f\t%.3f\t%.3f'
85          % (name, n_center, (time() - t0), 'None',
86     metrics.homogeneity_score(labels_mean_shift, estimator.labels_),
87     metrics.completeness_score(labels_mean_shift, estimator.labels_),
88     metrics.v_measure_score(labels_mean_shift, estimator.labels_),
89     metrics.adjusted_rand_score(labels_mean_shift, estimator.labels_),
90     metrics.adjusted_mutual_info_score(labels_mean_shift, estimator.labels_),
91     metrics.silhouette_score(data, estimator.labels_,
92                                             metric='euclidean',
93                                             )))
94
95
96     def affinity_propagation(estimator, name, data, n_center):
97         t0 = time()
98     estimator.fit(data)
99     print('%-9s\t%-s\t\t%.2fs\t%s\t%.3f\t%.3f\t%.3f\t%.3f\t%.3f\t%.3f'
100         % (name, n_center, (time() - t0), 'None',
101    metrics.homogeneity_score(labels_A_P, estimator.labels_),
102    metrics.completeness_score(labels_A_P, estimator.labels_),
103    metrics.v_measure_score(labels_A_P, estimator.labels_),
104    metrics.adjusted_rand_score(labels_A_P, estimator.labels_),
105    metrics.adjusted_mutual_info_score(labels_A_P, estimator.labels_),
106    metrics.silhouette_score(data, estimator.labels_,
107                                            metric='euclidean',
108                                            )))
109
110
111    def dbscan_function(estimator, name, data, n_center):
112        t0 = time()
113    estimator.fit(data)
114    print('%-9s\t%-s\t\t%.2fs\t%s\t%.3f\t%.3f\t%.3f\t%.3f\t%.3f\t%s'
115         % (name, n_center, (time() - t0), 'None',
116    metrics.homogeneity_score(labels_dbscan, estimator.labels_),
117    metrics.completeness_score(labels_dbscan, estimator.labels_),
118    metrics.v_measure_score(labels_dbscan, estimator.labels_),
119    metrics.adjusted_rand_score(labels_dbscan, estimator.labels_),
120    metrics.adjusted_mutual_info_score(labels_dbscan, estimator.labels_),
121            "Can't"))
122
123
124    def Spectral_clu(estimator, name, data, n_center):
125        t0 = time()
126    estimator.fit(data)
127    print('%-9s\t%-s\t\t%.2fs\t%s\t%.3f\t%.3f\t%.3f\t%.3f\t%.3f\t%.3f'
128         % (name, n_center, (time() - t0), 'None',
129    metrics.homogeneity_score(labels_spectral, estimator.labels_),
130    metrics.completeness_score(labels_spectral, estimator.labels_),
131    metrics.v_measure_score(labels_spectral, estimator.labels_),
132    metrics.adjusted_rand_score(labels_spectral, estimator.labels_),
```

```
133            metrics.adjusted_mutual_info_score(labels_spectral, estimator.labels_),
134            metrics.silhouette_score(data, estimator.labels_,
135                                     metric='euclidean',
136                                     )))
137
138
139  """对聚类中心数设置循环遍历"""
140
141  for i in range(3, 10):
142      n_cluster = i
143
144      """k-means算法"""
145
146      kmeans = KMeans(n_clusters=n_cluster, max_iter=300, tol=1e-4, n_init='auto')
147      # 进行聚类
148      kmeans.fit(combined_array)
149      # 获取聚类结果(标签)
150      labels_k_means = kmeans.labels_
151      # 获取聚类中心
152      centroids_k_means = kmeans.cluster_centers_
153
154      """mini batch k-means算法"""
155
156      b_size = 50
157
158      mbkmeans=MiniBatchKMeans(n_clusters=n_cluster, batch_size=b_size, random_state=0, n_init='auto')
159      # 使用数据进行聚类
160      mbkmeans.fit(combined_array)
161      # 获取聚类结果(标签)
162      labels_mini_b_k_means = mbkmeans.labels_
163      # 获取簇中心
164      centroids_mini_b_k_means = mbkmeans.cluster_centers_
165
166      """AffinityPropagation亲和传播算法"""
167
168      aff_prop = AffinityPropagation(damping=0.7, random_state=0, max_iter=200)
169      # 使用数据进行聚类
170      aff_prop.fit(combined_array)
171      # 获取聚类结果(标签)
172      labels_A_P = aff_prop.labels_
173      # 获取簇中心
174      centroids_A_P = aff_prop.cluster_centers_
175
176      """DBSCAN"""
177
178      dbscan = DBSCAN(eps=0.6, min_samples=1)
179      # 使用数据进行聚类
180      labels_dbscan = dbscan.fit_predict(combined_array)
```

```
181
182        """Meanshift"""
183
184    meanshift = MeanShift()
185        # 使用数据进行聚类
186    meanshift.fit(combined_array)
187        # 获取聚类结果（标签）
188    labels_mean_shift = meanshift.labels_
189        # 获取簇中心
190    centroids_mean_shift = meanshift.cluster_centers_
191
192        """Spectral clustering 谱聚类"""
193
194    spectral_clustering = SpectralClustering(n_clusters=n_cluster,
       affinity='nearest_neighbors', assign_labels='kmeans')
195        # 使用数据进行聚类
196    spectral_clustering.fit(combined_array)
197        # 获取聚类结果（标签）
198    labels_spectral = spectral_clustering.labels_
199        # 谱聚类无法输出类中心
200
201    print(90 * '_')
202        print('approach\tn_center\ttime\tinertia\thomo\tcompl\tv-meas\tARI\t\
       tAMI\t\tsilhouette')
203
204        """ 调用评估函数 """
205
206    bench_k_means(KMeans(init='k-means++', n_clusters=i, n_init=10), name="k-
       means++", data=combined_array, n_center=i)
207
208    mini_batch_k_means(MiniBatchKMeans(init='k-means++', n_clusters=i, n_
       init=3, batch_size=50), name='mini-batch',
209                      data=combined_array, n_center=i)
210
211    mean_shift_function(MeanShift(), name='Mean-Shift', data=combined_array,
       n_center=len(meanshift.cluster_centers_))
212
213    affinity_propagation(AffinityPropagation(damping=0.7, random_state=0,
       max_iter=200), name='Affinity',
214                       data=combined_array, n_center=len(aff_prop.clus-
       ter_centers_))
215
216    dbscan_function(DBSCAN(eps=0.1, min_samples=1), name='DBSCAN',
       data=combined_array,
217    n_center=len(set(labels_dbscan)))
218
219    Spectral_clu(SpectralClustering(n_clusters=i, affinity='nearest_neigh-
       bors', assign_labels='kmeans'),
220                    name="Spectral", data=combined_array, n_center=i)
221
```

```
222     print(90 * '_')
223
224     """可视化聚类结果"""
225     fig, axes = plt.subplots(nrows=2, ncols=3, figsize=(16, 8))
226
227     axes[0, 0].scatter(combined_array[:, 0], combined_array[:, 1], c=labels_
        k_means, cmap='rainbow')
228     axes[0, 0].scatter(centroids_k_means[:, 0], centroids_k_means[:, 1],
        marker='X', color='black')
229     axes[0, 0].set_xlabel('number of inbound')
230     axes[0, 0].set_ylabel('number of outbound')
231     axes[0, 0].set_title('KMeans Clustering')
232
233     axes[0, 1].scatter(combined_array[:, 0], combined_array[:, 1], c=labels_
        mini_b_k_means, cmap='rainbow')
234     axes[0, 1].scatter(centroids_mini_b_k_means[:, 0], centroids_mini_b_k_
        means[:, 1], marker='X', color='black')
235     axes[0, 1].set_xlabel('number of inbound')
236     axes[0, 1].set_ylabel('number of outbound')
237     axes[0, 1].set_title('mini batch KMeans Clustering')
238
239     axes[0, 2].scatter(combined_array[:, 0], combined_array[:, 1], c=labels_
        mean_shift, cmap='rainbow')
240     axes[0, 2].scatter(centroids_mean_shift[:, 0], centroids_mean_shift[:,
        1], marker='X', color='black')
241     axes[0, 2].set_xlabel('number of inbound')
242     axes[0, 2].set_ylabel('number of outbound')
243     axes[0, 2].set_title('Mean Shift')
244
245     axes[1, 0].scatter(combined_array[:, 0], combined_array[:, 1], c=labels_
        A_P, cmap='rainbow')
246     axes[1, 0].scatter(centroids_A_P[:, 0], centroids_A_P[:, 1], marker='X',
        color='black')
247     axes[1, 0].set_xlabel('number of inbound')
248     axes[1, 0].set_ylabel('number of outbound')
249     axes[1, 0].set_title('Affinity Propagation Clustering')
250
251     axes[1, 1].scatter(combined_array[:, 0], combined_array[:, 1], c=labels_
        dbscan, cmap='rainbow')
252     axes[1, 1].set_xlabel('number of inbound')
253     axes[1, 1].set_ylabel('number of outbound')
254     axes[1, 1].set_title('Density-Based Spatial Clustering of Applications
        with Noise')
255
256     axes[1, 2].scatter(combined_array[:, 0], combined_array[:, 1], c=labels_
        spectral, cmap='rainbow')
257     axes[1, 2].set_xlabel('number of inbound')
258     axes[1, 2].set_ylabel('number of outbound')
259     axes[1, 2].set_title('Spectral Clustering')
260
```

```
261     # 调整子图之间的间距
262     plt.tight_layout()
263
264     plt.show()
```

注意，其中代码第 27 行应替换为相应文件在自己计算机中的地址。

首先在第 33 行指出，以杭州地铁编号为 67 的站点为例进行实验。相继定义了 6 个常用的聚类函数与评估函数，并在第 141 行开始，引入遍历循环，得出在设定聚类中心为 3、4、5、8 时的 6 种算法的评估结果并绘制散点图，如图 5-4 ~ 图 5-11 所示。

approach	n_center	time	inertia	homo	compl	v-meas	ARI	AMI	silhouette
k-means++	3	0.00s	114777	0.537	0.551	0.544	0.501	0.535	0.466
mini-batch	3	0.00s	127161	0.508	0.490	0.499	0.456	0.489	0.377
Mean-Shift	2	0.12s	None	1.000	1.000	1.000	1.000	1.000	0.500
Affinity	7	0.00s	None	1.000	1.000	1.000	1.000	1.000	0.406
DBSCAN	102	0.00s	None	1.000	1.000	1.000	1.000	1.000	Can't
Spectral	3	0.01s	None	1.000	1.000	1.000	1.000	1.000	0.401

图 5-4 聚类中心为 3 时算法评估对比

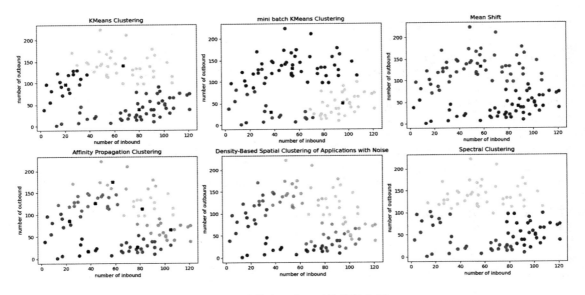

图 5-5 聚类中心为 3 时聚类散点图

approach	n_center	time	inertia	homo	compl	v-meas	ARI	AMI	silhouette
k-means++	4	0.00s	81942	0.782	0.757	0.769	0.712	0.761	0.398
mini-batch	4	0.00s	92109	0.558	0.554	0.556	0.419	0.540	0.401
Mean-Shift	2	0.15s	None	1.000	1.000	1.000	1.000	1.000	0.500
Affinity	7	0.00s	None	1.000	1.000	1.000	1.000	1.000	0.406
DBSCAN	102	0.00s	None	1.000	1.000	1.000	1.000	1.000	Can't
Spectral	4	0.01s	None	0.969	0.967	0.968	0.970	0.967	0.398

图 5-6 聚类中心为 4 时算法评估对比

第5章 杭州地铁客流数据分析实践

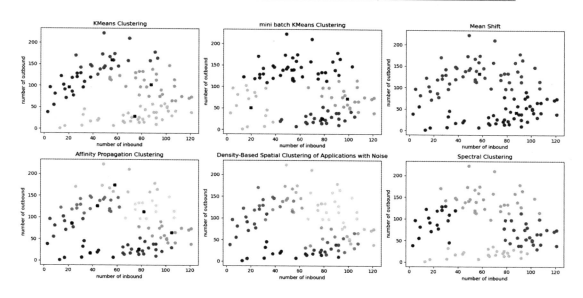

图 5-7　聚类中心为 4 时聚类散点图

```
01.
02.    approach     n_center   time    inertia   homo    compl   v-meas   ARI     AMI     silhouette
03.    k-means++    5          0.00s   61879     0.975   0.974   0.974    0.975   0.973   0.405
04.    mini-batch   5          0.00s   70444     0.606   0.605   0.606    0.467   0.583   0.355
05.    Mean-Shift   2          0.13s   None      1.000   1.000   1.000    1.000   1.000   0.500
06.    Affinity     7          0.00s   None      1.000   1.000   1.000    1.000   1.000   0.406
07.    DBSCAN       102        0.00s   None      1.000   1.000   1.000    1.000   1.000   Can't
08.    Spectral     5          0.01s   None      1.000   1.000   1.000    1.000   1.000   0.354
09.
```

图 5-8　聚类中心为 5 时算法评估对比

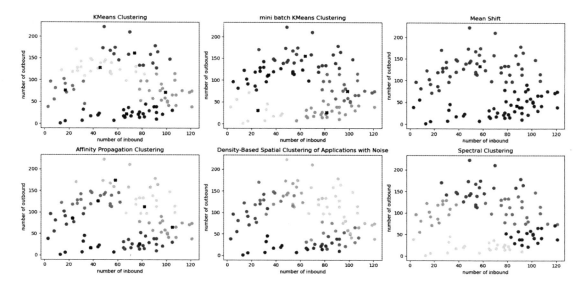

图 5-9　聚类中心为 5 时聚类散点图

01.										
02.	approach	n_center	time	inertia	homo	compl	v-meas	ARI	AMI	silhouette
03.	k-means++	8	0.01s	33846	0.846	0.847	0.846	0.764	0.821	0.392
04.	mini-batch	8	0.00s	35830	0.795	0.778	0.786	0.674	0.752	0.384
05.	Mean-Shift	2	0.13s	None	1.000	1.000	1.000	1.000	1.000	0.500
06.	Affinity	7	0.00s	None	1.000	1.000	1.000	1.000	1.000	0.406
07.	DBSCAN	102	0.00s	None	1.000	1.000	1.000	1.000	1.000	Can't
08.	Spectral	8	0.01s	None	1.000	1.000	1.000	1.000	1.000	0.379
09.										

图 5-10 聚类中心为 8 时算法评估对比

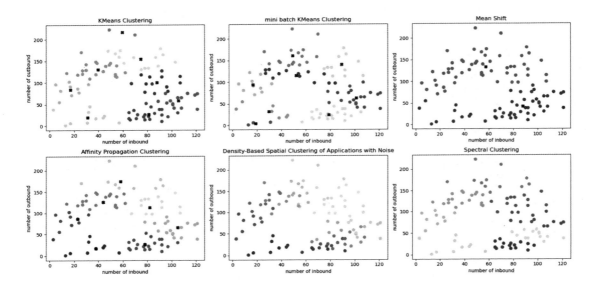

图 5-11 聚类中心为 8 时聚类散点图

5.3 回归分析

本节使用 5.1.1 节的 10 分钟客流统计数据为数据源，对各个站点进行回归分析，根据各个站点的进出站客流数据，划分站的类型。本节使用了 6 种常见的聚类算法，进行对比实验，并引入方均误差、平均绝对误差和决定系数等方法对数据回归结果进行评估。相应的详细实验代码如下：

```
1    import matplotlib.pyplot as plt
2    import numpy as np
3    import pandas as pd
4
5    from sklearn.model_selection import train_test_split
6
7    from sklearn.linear_model import LinearRegression
8    from sklearn.linear_model import Ridge
```

```python
9   from sklearn.linear_model import Lasso
10  from sklearn.linear_model import BayesianRidge
11  from sklearn.linear_model import TweedieRegressor
12  from sklearn.preprocessing import PolynomialFeatures
13
14  from sklearn.metrics import mean_squared_error, mean_absolute_error, r2_score
15
16  from time import time
17
18  # pd.set_option('display.max_rows', None)
19  pd.set_option('display.max_columns', None)
20
21  """ 整合数据的过程 """
22
23  df_data = pd.read_csv('1.各站进站出站10min客流统计.csv', encoding='gbk')
24
25  for i in df_data.columns:
26      df_data[i + '1'] = df_data[i].shift(-1)
27
28  df = df_data[
29      (df_data['station_id'] == 4) & (df_data['station_id'] == df_data['station_id1']) & (df_data['flow_type'] == 1) & (
30      df_data['flow_type1'] == 0)]
31
32  in_list = df['pedestrian_flow'].tolist()
33  out_list = df['pedestrian_flow1'].tolist()
34
35  combined_list = list(zip(in_list, out_list))
36
37  combined_array = np.array(combined_list)
38
39  X = combined_array[:, 0].reshape(-1, 1)   # 特征
40  y = combined_array[:, 1]   # 标签
41
42  X_train, X_test, y_train, y_test = train_test_split(X, y, test_size=0.2, random_state=0)
43
44  ''' 线性回归模型 '''
45
46  linear_reg = LinearRegression()
47
48  # 拟合模型
49  linear_reg.fit(X_train, y_train)
50
51  # 预测测试数据
52  y_pred_linear_reg = linear_reg.predict(X_test)
53
54  ''' 岭回归模型 '''
```

```python
55
56  alpha_ridge = 50000    # 正则化参数
57  ridge_reg = Ridge(alpha=alpha_ridge)
58
59  # 拟合模型
60  ridge_reg.fit(X_train, y_train)
61
62  # 预测
63  y_pred_ridge_reg = ridge_reg.predict(X_test)
64
65  '''套索回归模型'''
66
67  alpha_lasso = 500    # 正则化参数
68  lasso_reg = Lasso(alpha=alpha_lasso)
69
70  # 拟合模型
71  lasso_reg.fit(X_train, y_train)
72
73  # 预测
74  y_pred_lasso_reg = lasso_reg.predict(X_test)
75
76  '''贝叶斯回归'''
77
78  bayesian_reg = BayesianRidge()
79
80  # 拟合模型
81  bayesian_reg.fit(X_train, y_train.ravel())
82
83  # 预测
84  y_pred_bayesian_reg = bayesian_reg.predict(X_test)
85
86  '''广义线性回归'''
87
88  tweedie_reg = TweedieRegressor(power=1.5, alpha=0.5)
89
90  # 拟合模型
91  tweedie_reg.fit(X_train, y_train)
92
93  # 预测
94  y_pred_tweedie_reg = tweedie_reg.predict(X_test)
95
96  '''多项式回归'''
97
98  poly = PolynomialFeatures(degree=2)
99  X_train_poly = poly.fit_transform(X_train)
100 X_test_poly = poly.transform(X_test)
101
102 # 初始化线性回归模型
103 model = LinearRegression()
```

```python
# 在多项式特征上拟合线性回归模型
model.fit(X_train_poly, y_train)

# 预测
y_pred = model.predict(X_test_poly)


def Linear_reg(estimator, name, X_train_para, y_train_para, X_test_para, y_test_para):
    t0 = time()
    estimator.fit(X_train_para, y_train_para)
    print('%-9s\t%.2fs\t%s\t%.3f\t%.3f\t%.3f\t%.3f'
          % (name, (time() - t0),
             estimator.coef_,
             estimator.intercept_,
             mean_squared_error(y_test_para, estimator.predict(X_test_para)),
             mean_absolute_error(y_test_para, estimator.predict(X_test_para)),
             r2_score(y_test_para, estimator.predict(X_test_para))
             ))


def Ridge_reg(estimator, name, X_train_para, y_train_para, X_test_para, y_test_para):
    t0 = time()
    estimator.fit(X_train_para, y_train_para)
    print('%-9s\t%.2fs\t%s\t%.3f\t%.3f\t%.3f\t%.3f'
          % (name, (time() - t0),
             estimator.coef_,
             estimator.intercept_,
             mean_squared_error(y_test_para, estimator.predict(X_test_para)),
             mean_absolute_error(y_test_para, estimator.predict(X_test_para)),
             r2_score(y_test_para, estimator.predict(X_test_para))
             ))


def Lasso_reg(estimator, name, X_train_para, y_train_para, X_test_para, y_test_para):
    t0 = time()
    estimator.fit(X_train_para, y_train_para)
    print('%-9s\t%.2fs\t%s\t%.3f\t%.3f\t%.3f\t%.3f'
          % (name, (time() - t0),
             estimator.coef_,
             estimator.intercept_,
             mean_squared_error(y_test_para, estimator.predict(X_test_para)),
             mean_absolute_error(y_test_para, estimator.predict(X_test_para)),
             r2_score(y_test_para, estimator.predict(X_test_para))
             ))

```

```python
150
151  def Bayesian_reg(estimator, name, X_train_para, y_train_para, X_test_
     para, y_test_para):
152      t0 = time()
153  estimator.fit(X_train_para, y_train_para)
154  print('%-9s\t%.2fs\t%s\t%.3f\t\t%.3f\t%.3f\t%.3f'
155        % (name, (time() - t0),
156  estimator.coef_,
157  estimator.intercept_,
158  mean_squared_error(y_test_para, estimator.predict(X_test_para)),
159  mean_absolute_error(y_test_para, estimator.predict(X_test_para)),
160           r2_score(y_test_para, estimator.predict(X_test_para))
161           ))
162
163
164  def Tweedie_reg(estimator, name, X_train_para, y_train_para, X_test_para,
     y_test_para):
165      t0 = time()
166  estimator.fit(X_train_para, y_train_para)
167  print('%-9s\t%.2fs\t%s\t%.3f\t\t%.3f\t%.3f\t%.3f'
168        % (name, (time() - t0),
169  estimator.coef_,
170  estimator.intercept_,
171  mean_squared_error(y_test_para, estimator.predict(X_test_para)),
172  mean_absolute_error(y_test_para, estimator.predict(X_test_para)),
173           r2_score(y_test_para, estimator.predict(X_test_para))
174           ))
175
176
177  def Polynomial_reg(estimator, name, X_train_para, y_train_para, X_test_
     para, y_test_para):
178      t0 = time()
179  estimator.fit(X_train_para, y_train_para)
180  print('%-9s\t\t%.2fs\t%s\t%.3f\t\t%.3f\t%.3f\t%.3f'
181        % (name, (time() - t0),
182  estimator.coef_,
183  estimator.intercept_,
184  mean_squared_error(y_test_para, estimator.predict(X_test_para)),
185  mean_absolute_error(y_test_para, estimator.predict(X_test_para)),
186           r2_score(y_test_para, estimator.predict(X_test_para))
187           ))
188
189
190  print(90 * '_')
191  print('approach\t\t\ttime\tCoefficients\tintercept\tMSE\t\t\tMAE\t\tR-
     squared')
192  Linear_reg(LinearRegression(), name='Linear-Regression', X_train_para=X_
     train, y_train_para=y_train,
193  X_test_para=X_test, y_test_para=y_test)
```

```
194
195  Ridge_reg(Ridge(alpha=alpha_ridge), name='Ridge-Regression', X_train_
     para=X_train, y_train_para=y_train,
196  X_test_para=X_test, y_test_para=y_test)
197
198  Lasso_reg(Lasso(alpha=alpha_lasso), name='Lasso-Regression', X_train_
     para=X_train, y_train_para=y_train,
199  X_test_para=X_test, y_test_para=y_test)
200
201  Bayesian_reg(BayesianRidge(), name='Bayesian-Regression', X_train_para=X_
     train, y_train_para=y_train.ravel(),
202  X_test_para=X_test, y_test_para=y_test)
203
204  Tweedie_reg(TweedieRegressor(power=1.5, alpha=0.5), name='Tweedie-Regres-
     sion', X_train_para=X_train,
205  y_train_para=y_train, X_test_para=X_test, y_test_para=y_test)
206
207  Polynomial_reg(LinearRegression(), name='Poly-Regression', X_train_
     para=X_train_poly, y_train_para=y_train,
208  X_test_para=X_test_poly, y_test_para=y_test)
209  print(90 * '_')
210
211
212  fig, axes = plt.subplots(nrows=2, ncols=3, figsize=(16, 8))
213
214  # 绘制训练数据和模型预测结果
215  axes[0, 0].scatter(X_train, y_train, color='blue', label='Train Data')
216  axes[0, 0].scatter(X_test, y_test, color='green', label='Test Data')
217  axes[0, 0].plot(X_test, y_pred_linear_reg, color='red', linewidth=2,
     label='Prediction')
218  axes[0, 0].set_xlabel('X')
219  axes[0, 0].set_ylabel('y')
220  axes[0, 0].set_title('Linear Regression')
221  axes[0, 0].legend()
222
223  axes[0, 1].scatter(X_train, y_train, color='blue', label='Train Data')
224  axes[0, 1].scatter(X_test, y_test, color='green', label='Test Data')
225  axes[0, 1].plot(X_test, y_pred_ridge_reg, color='red', linewidth=2,
     label='Prediction')
226  axes[0, 1].set_xlabel('X')
227  axes[0, 1].set_ylabel('y')
228  axes[0, 1].set_title('Ridge Regression')
229  axes[0, 1].legend()
230
231  axes[0, 2].scatter(X_train, y_train, color='blue', label='Train Data')
232  axes[0, 2].scatter(X_test, y_test, color='green', label='Test Data')
233  axes[0, 2].plot(X_test, y_pred_lasso_reg, color='red', linewidth=2,
     label='Prediction')
234  axes[0, 2].set_xlabel('X')
```

```
235  axes[0, 2].set_ylabel('y')
236  axes[0, 2].set_title('Lasso Regression')
237  axes[0, 2].legend()
238
239  axes[1, 0].scatter(X_train, y_train, color='blue', label='Train Data')
240  axes[1, 0].scatter(X_test, y_test, color='green', label='Test Data')
241  axes[1, 0].plot(X_test, y_pred_bayesian_reg, color='red', linewidth=2,
     label='Prediction')
242  axes[1, 0].set_xlabel('X')
243  axes[1, 0].set_ylabel('y')
244  axes[1, 0].set_title('Bayesian Regression')
245  axes[1, 0].legend()
246
247  axes[1, 1].scatter(X_test, y_test, color='blue', label='Actual')
248  axes[1, 1].scatter(X_test, y_pred_tweedie_reg, color='red',
     label='Predicted')
249  x_range = np.linspace(min(X_test), max(X_test), 100)
250  y_range = tweedie_reg.predict(x_range.reshape(-1, 1))
251  axes[1, 1].plot(x_range, y_range, color='green', label='Tweedie Fit')
252  axes[1, 1].set_xlabel('X')
253  axes[1, 1].set_ylabel('y')
254  axes[1, 1].set_title('Tweedie Regression')
255  axes[1, 1].legend()
256
257  axes[1, 2].scatter(X, y, label="Original Data")
258  axes[1, 2].plot(X, model.predict(poly.transform(X)), color='red',
     label='Poly Regression')
259  axes[1, 2].set_xlabel("X")
260  axes[1, 2].set_ylabel("y")
261  axes[1, 2].set_title("Polynomial Regression")
262  axes[1, 2].legend()
263
264  plt.show()
```

注意，其中代码第 23 行应替换为相应文件在自己计算机中的地址。

首先在第 29 行指出，以杭州地铁编号为 4 的站点为例进行实验。相继引入 sklearn.linear_model 包库中的 6 种常用的回归函数并定义了对应的评估函数，在第 192 行开始调用，得出 6 种回归方法的拟合程度、拟合曲线的截距与评价指标，并绘制散点图，如图 5-12 和图 5-13 所示。

	approach	time	Coefficients	intercept	MSE	MAE	R-squared		
03.	Linear-Regression	0.00s	[0.77492901]	65.881	3568.560	55.723	0.769		
04.	Ridge-Regression	0.00s	[0.73475501]	74.039	3821.109	57.333	0.753		
05.	Lasso-Regression	0.00s	[0.72681349]	75.651	3876.137	57.652	0.749		
06.	Bayesian-Regression	0.00s	[0.76990384]	66.902	3597.790	55.924	0.767		
07.	Tweedie-Regression	0.00s	[0.00424821]	4.462	4243.105	58.682	0.725		
08.	Poly-Regression	0.00s	[0. 1.27608074	-0.00138904]	35.826	3266.120	51.985	0.789	

图 5-12 回归算法评估对比

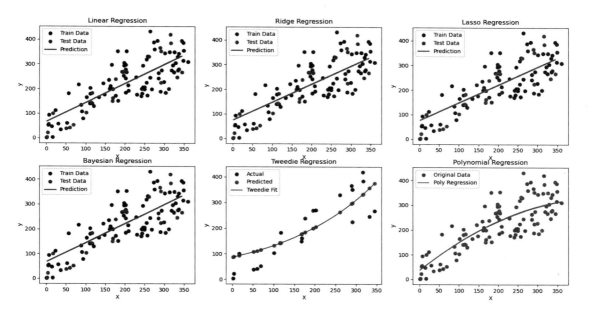

图 5-13　回归算法对比散点图

第 6 章

北京地铁客流数据分析与客流预测

6.1 数据分析

6.1.1 数据介绍

本章使用的北京地铁数据选自 2019 年 1 月 14 日。本章程序中北京地铁的数据样例见表 6-1。如表 6-1 所示，样例共有 8 例数据，分别表示日期、进站名编号、进站名、进站时间、出站名编号、出站名、出站时间、卡序列号。

表 6-1 本章程序中北京地铁的数据样例

数据名	data_dt	entry_line_std_id	entry_Station_Nme	entry_tm	exit_line_std_id	exit_Station_Nme	exit_tm	tkt_seq_num
数据内容	2019/1/14	4	公益西桥	20190114182800	93	天宫院	20190114190628	12563303
	2019/1/14	7	桥湾	20190114073200	74	东风北桥	20190114080744	13442612
	2019/1/14	7	湾子	20190114073529	97	双桥	20190114084212	205003038522
	2019/1/14	95	篱笆房	20190114072531	10	车道沟	20190114082058	205007478857
	2019/1/14	8	安华桥	20190114074200	2	西直门	20190114080148	26911125
	2019/1/14	1	苹果园	20190114084000	2	北京站	20190114094419	32328593
	2019/1/14	2	阜成门	20190114165700	10	知春路	20190114172125	86406862
	2019/1/14	1	五棵松	20190114095000	13	柳芳	20190114104953	65078610

数据集还包含其他数据，分别为进站线路编号、进站线路、出站线路编号、出站线路、卡类型等。根据以上数据集，可以进行一些初步的数据分析和推断，见表 6-2。

表 6-2 数据集中数据名及分析

进、出站线路编号和进、出站线路	可以了解不同进、出站线路的使用频率以及乘客偏好的线路
进、出站名编号和进、出站名	可以分析不同进、出站点的繁忙程度
进站时间、出站时间	可以分析一天中不同时间段的进、出站情况，如高峰和低谷时段
卡序列号	刷卡操作的唯一标识符，可用于跟踪个体乘客的乘车行为
卡类型	可以查看不同类型的交通卡的使用情况，了解哪种类型的卡更受欢迎

通过对以上分析，可以获得有关乘客进出站行为、站点使用情况、时间趋势和卡类型偏好等方面的信息。这些信息可能有助于做出运输规划、改进服务、优化线路等决策。此外，还可以使用数据分析工具和技术来进一步挖掘数据中的模式和关联性。

6.1.2 数据处理

原始数据集"20190114.csv"为 AFC 刷卡进出站数据,过于庞大和复杂,首先需要对其进行数据预处理,再进行数据分析。首先,通过以下代码读取数据:

```
import matplotlib.pyplot as plt
import pandas as pd
# 读取 CSV 文件
data_0 = pd.read_csv('./20190114.csv', encoding='gbk')
```

由于数据集为一天内的数据,故删去日期列:

```
# 删除第一列
data_0 = data_0.drop('data_dt', axis=1)
```

使用 pd.to_datetime() 函数将 entry_tm 和 exit_tm 列的数据从字符串格式(如 20190114080000)转换为日期时间格式(如 2019-01-14 08:00:00):

```
# 将进站时间和出站时间转换为日期时间格式
data_0['entry_tm'] = pd.to_datetime(data_0['entry_tm'], format='%Y%m%d%H%M%S')
data_0['exit_tm'] = pd.to_datetime(data_0['exit_tm'], format='%Y%m%d%H%M%S')
```

使用 pd.to_datetime() 函数分别创建 start_time 和 end_time,表示时间范围为从早上 7 点到 9 点:

```
# 设置时间范围
start_time = pd.to_datetime('2019-01-14 07:00:00')
end_time = pd.to_datetime('2019-01-14 09:00:00')
```

使用循环遍历数据集中的每一行,检查每行的进站时间和出站时间是否在指定的时间范围内。如果是,则将进站客流量和出站客流量分别计为 1,否则计为 0。然后,将这些数据存储在 passenger_counts 列表中:

```
# 统计每个站的进站客流量和出站客流量
passenger_counts = []
# 循环遍历每个站点
for index, row in data_0.iterrows():
    entry_count = 1 if (row['entry_tm'] >= start_time and row['entry_tm'] <= end_time) else 0
    exit_count = 1 if (row['exit_tm'] >= start_time and row['exit_tm'] <= end_time) else 0
    passenger_counts.append(
        {'Line': row['entry_line_std_id'], 'Station': row['entry_Station_Nme'], 'Entry_Passenger_Count': entry_count,
'Exit_Passenger_Count': exit_count})
# 将客流量保存到 DataFrame
output_data = pd.DataFrame(passenger_counts)
```

按照线路和站点进行分组，并将结果保存成新的excel文件：

```
# 按照线路和站点进行分组并汇总客流量
summed_data = output_data.groupby(['Line', 'Station'], as_index=False).sum()
# 将结果保存到Excel文件
summed_data.to_excel('按照线路站点分组客流量.xlsx', index=False)
```

在输出结果中，线路、站点客流量部分数据见表6-3。

表6-3 线路、站点客流量部分数据

线路	站点	进站客流量	出站客流量
1	万寿路	930	833
1	东单	137	113
2	东四十条	459	406
2	东直门	1227	1161
4	中关村	312	269
4	人民大学	773	693
4	公益西桥	1161	1104

之后，对获取的每条线路的早高峰时间段（7：00—9：00）内的进出站客流量生成图表观察其特征：

```
# 读取保存了各个线路上站点的进出站客流数据的Excel文件
data = pd.read_excel('客流全部222.xlsx')
# 获取所有不重复的线路代号
lines = data['Line'].unique()
# 遍历每个线路，绘制进站和出站客流数据图
for line in lines:
    line_data = data[data['Line'] == line]
    plt.figure(figsize=(10, 5))
    plt.plot(line_data['Station'], line_data['Entry_Passenger_Count'], color='blue', label='进站客流量')
    plt.plot(line_data['Station'], line_data['Exit_Passenger_Count'], color='red', label='出站客流量')
    plt.title(f'{line} 线路客流数据图')
    plt.xlabel('站点')
    plt.ylabel('客流量')
    plt.xticks(rotation=90)
    plt.legend()
    plt.tight_layout()
    plt.show()
```

图6-1所示为程序得出的地铁10号线早高峰时期进出站客流量数据图。

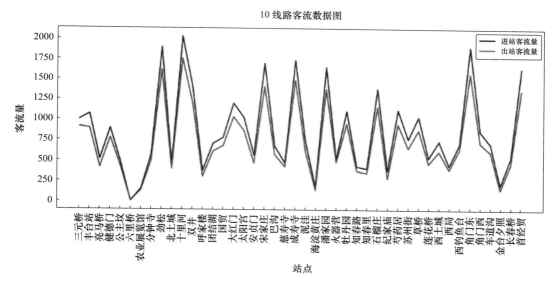

图6-1 程序得出的地铁10号线早高峰时期进出站客流量数据图

6.1.3 单线路1分钟时间粒度进出站客流量

对地铁10号线在高峰时间内的每分钟进出站客流进行提取，主要实现代码如下：

```
# 定义时间粒度为1分钟
time_interval = pd.Timedelta(minutes=1)
# 获取10号线的所有站点
line_6_stations = data_0[data_0['entry_line_std_id'] == 10]['entry_Station_Nme'].unique()
# 创建时间范围
time_range = pd.date_range(start=start_time, end=end_time, freq=time_interval)
# 创建空的结果列表
results = []
# 统计每隔5分钟的进出站客流量
for time in time_range:
    time_data = data_0[(data_0['entry_tm'] >= time) & (data_0['entry_tm'] < time + pd.Timedelta(minutes=1))]
for station in line_6_stations:
        entry_count = time_data[time_data['entry_Station_Nme'] == station].shape[0]
        exit_count = time_data[time_data['exit_Station_Nme'] == station].shape[0]
        results.append({'Time': time, 'Station': station, 'Entry_Passenger_Count': entry_count, 'Exit_Passenger_Count': exit_count})

# 将结果保存到DataFrame
output_data = pd.DataFrame(results)
# 将结果保存到Excel文件
output_data.to_excel('10号线客流_1分钟统计.xlsx', index=False)
```

在输出结果中，1分钟时间粒度下客流量部分数据见表6-4。

表6-4　1分钟时间粒度下客流量部分数据

时间	站点	进站客流量	出站客流量
2019-01-14 07:00:00	三元桥	9	16
2019-01-14 07:00:00	车道沟	1	5
2019-01-14 07:00:00	巴沟	3	4
2019-01-14 07:00:00	苏州街	1	11
2019-01-14 07:01:00	三元桥	10	16
2019-01-14 07:01:00	车道沟	5	7
2019-01-14 07:01:00	巴沟	0	5
2019-01-14 07:01:00	苏州街	2	13
2019-01-14 07:02:00	三元桥	6	23
2019-01-14 07:02:00	车道沟	7	9
2019-01-14 07:02:00	巴沟	2	4
2019-01-14 07:02:00	苏州街	4	17
2019-01-14 07:04:00	三元桥	9	14
2019-01-14 07:04:00	车道沟	3	3
2019-01-14 07:04:00	巴沟	1	2
2019-01-14 07:04:00	苏州街	8	14

6.1.4　单站一天内1分钟时间粒度下进站客流量

6.1.3节对单线路的高峰时期内进出站客流统计，本小节对单站一天内1分钟时间粒度下进站客流量进行统计，分为换乘站和非换乘站。

1. 换乘站

对于换乘站，首先需要对换乘站进行筛选，相关代码如下：

```
# 统计每个站点在不同线路中的出现次数
station_counts = data_0.groupby('entry_Station_Nme')['entry_line_std_id'].nunique()

# 筛选出换乘站
transfer_stations = station_counts[station_counts >1].index.tolist()
```

然后，获取换乘站的客流量并将其保存为新的excel文件，相关代码如下：

```
# 获取换乘站的名称和所属线路
transfer_station_info = []
for station in transfer_stations:
    lines = data_0[data_0['entry_Station_Nme'] == station]['entry_line_std_id'].unique()
    lines_str = ', '.join(str(line) for line in lines)    # 将列表中的元素转换为字符串
transfer_station_info.append({'Station': station, 'Lines': lines_str})
# 统计每个换乘站的进站客流量和出站客流量
```

```
passenger_counts = []
for station in transfer_stations:
    entry_count = data_0[(data_0['entry_Station_Nme'] == station) &
(data_0['entry_tm'].dt.time >= start_time.time()) & (data_0['entry_tm'].
dt.time <= end_time.time())].shape[0]
    exit_count = data_0[(data_0['exit_Station_Nme'] == station) &
(data_0['exit_tm'].dt.time >= start_time.time()) & (data_0['exit_tm'].dt.time
<= end_time.time())].shape[0]
    passenger_counts.append({'Station': station, 'Entry_Passenger_Count': en-
try_count, 'Exit_Passenger_Count': exit_count})
# 将换乘站的名称、所属线路和客流量保存到 DataFrame
output_data = pd.DataFrame(transfer_station_info)
passenger_data = pd.DataFrame(passenger_counts)
output_data = output_data.merge(passenger_data, on='Station')
# 将结果保存到 Excel 文件
output_data.to_excel('换乘站的全天客流量.xlsx', index=False)
```

在输出结果中，换乘站全天客流量部分数据见表 6-5。

表 6-5 换乘站全天客流量部分数据

站点	线路	进站客流量	出站客流量
七里庄	9, 14	2822	2805
三元桥	10, 98	9684	10139
东单	5, 1	6651	7155
东四	6, 5	3380	3554
东直门	2, 13, 98	12664	13325
九龙山	74, 7	4482	4540
公主坟	10, 1	2760	2995
公益西桥	4, 93	3329	3371
六里桥	9, 10	3868	3585
军事博物馆	9, 1	3309	3538
北京南站	4, 74	16833	13905

下面选取换乘站客流量较大的北京西站进行数据处理，相关代码如下：

```
# 筛选出北京西站的数据
beijing_west_data = data_0[data_0['entry_Station_Nme'] == '北京西站']
# 创建时间范围
time_range = pd.date_range(start=start_time, end=end_time, freq='1Min')
# 创建空的结果列表
results = []
# 统计每分钟内北京西站的进站客流量
for time in time_range:
    time_data = beijing_west_data[(beijing_west_data['entry_tm'] >= time) &
(beijing_west_data['entry_tm'] < time + pd.Timedelta(minutes=1))]
    entry_count = time_data.shape[0]
    results.append({'Time': time, 'Station': '北京西站', 'Entry_Passenger_
Count': entry_count})
# 创建 DataFrame 保存结果
```

```
output_data = pd.DataFrame(results)
# 将结果保存到 Excel 文件
output_data.to_excel('1 分钟粒度下全天进站客流（北京西站）.xlsx', index=False)
```

在输出结果中，1 分钟时间粒度下北京西站全天进站客流量部分数据见表 6-6。

表 6-6　1 分钟时间粒度下北京西站全天进站客流量部分数据

时间	站点	进站客流量
2019-01-14 05:00:00	北京西站	0
2019-01-14 05:01:00	北京西站	17
2019-01-14 05:02:00	北京西站	12
2019-01-14 05:03:00	北京西站	16
2019-01-14 05:04:00	北京西站	16
2019-01-14 05:05:00	北京西站	9

2. 非换乘站

对于非换乘站，可以直接进行进站客流量获取。下面选取回龙观站进行数据处理，相应代码如下：

```
# 筛选出回龙观站的数据
huilong_guan_data = data_0[data_0['entry_Station_Nme'] == ' 回龙观 ']
# 创建时间范围
time_range = pd.date_range(start=start_time, end=end_time, freq='1Min')
# 创建空的结果列表
results = []
# 统计每分钟内回龙观站的进站客流量
for time in time_range:
    time_data = huilong_guan_data[(huilong_guan_data['entry_tm'] >= time) & (huilong_guan_data['entry_tm'] < time + pd.Timedelta(minutes=1))]
    entry_count = time_data.shape[0]
    results.append({'Time': time, 'Station': ' 回龙观 ', 'Entry_Passenger_Count': entry_count})
# 创建 DataFrame 保存结果
output_data = pd.DataFrame(results)
# 将结果保存到 Excel 文件
output_data.to_excel('1 分钟粒度下全天进站客流（回龙观站）.xlsx', index=False)
```

在输出结果中，1 分钟时间粒度下回龙观站全天进站客流量部分数据见表 6-7。

表 6-7　1 分钟时间粒度下回龙观站全天进站客流量部分数据

时间	站点	进站客流量
2019-01-14 06:10:00	回龙观	3
2019-01-14 06:11:00	回龙观	5
2019-01-14 06:12:00	回龙观	2
2019-01-14 06:13:00	回龙观	3
2019-01-14 06:14:00	回龙观	11
2019-01-14 06:15:00	回龙观	4

6.2 客流量预测

长短期记忆网络（LSTM）和卷积神经网络（CNN）是两种在时间序列分析和预测任务中广泛使用的深度学习模型。它们在处理具有时间相关性的客流量预测任务时具有各自独特的特点和优势。

6.2.1 LSTM 模型

下面使用 6.1.3 节处理的单线路 1 分钟时间粒度下的进站客流量进行客流量预测。

```
# 第一步：导入必要库
import torch
import numpy as np
import pandas as pd
import matplotlib.pyplot as plt
from torch import nn
# 第二步：读取 Excel 文件
data = pd.read_excel('10号线客流_1分钟统计.xlsx')
# 第三步：提取客流数据列
passenger_data = data['Entry_Passenger_Count']

# 第四步：将客流数据保存为 CSV 文件
passenger_data.to_csv('Line10(1min).csv', index=False)
# 第五步：读取 CSV 文件
data_csv = pd.read_csv("./Line10(1min).csv", encoding='gb2312')
data_csv.head()
```

数据可视化代码如下：

```
plt.figure(figsize=(12, 4))
plt.plot(data_csv[0:5000])
plt.show()
# 第六步：数据预处理：删除缺失值并将数据类型转换为适合深度学习的格式
data_csv = data_csv.dropna()
dataset = data_csv.values
dataset = dataset.astype('float32')  # 改变 dataset 类型
```

第六步是为了确保数据准备好，以便用于训练深度学习模型。

```
# 第七步：数据的最小-最大归一化（也称为 MinMax 归一化），将数据范围缩放到 [0, 1] 之间。
min_value = np.min(dataset)
max_value = np.max(dataset)
```

第七步这种归一化可以有助于神经网络更好地学习数据的特征，因为它可以将不同尺度的数据统一到一个相对一致的范围内，避免了大尺度数据对模型训练的影响。

```
cs = max_value - min_value
dataset = list(map(lambda x: (x-min_value) / cs, dataset))  # 标准化固定【0,1】
```

```python
# 第八步：创建数据集
def create_dataset(dataset, step=8):
    dataX, dataY = [], []
    for i in range(len(dataset) - step):
        a = dataset[i:(i + step)]
        dataX.append(a)
        dataY.append(dataset[i + step])
    return np.array(dataX), np.array(dataY)

data_X, data_Y = create_dataset(dataset)
# 第九步：划分训练集和测试集，其中70%的数据用于训练，30%用于测试
train_size = int(len(data_X) * 0.7)
```

数据形状的调整代码如下：

```python
test_size = len(data_X) - train_size
train_X = data_X[:train_size]
train_Y = data_Y[:train_size]
test_X = data_X[train_size:]
test_Y = data_Y[train_size:]

train_X = train_X.reshape(-1, 1, 8)
train_Y = train_Y.reshape(-1, 1, 1)
test_X = test_X.reshape(-1, 1, 8)
test_Y = test_Y.reshape(-1, 1, 1)
```

在深度学习中，数据通常需要具有特定的形状，以适应模型的输入和输出要求。在这段代码中，train_X 和 test_X 被重新调整为三维张量，其中的 −1 表示自动计算维度大小。具体来说，它们的形状变成了（样本数，输入特征数，时间步数）。同样，train_Y 和 test_Y 也被调整为三维张量，形状为（样本数，输出特征数，时间步数）。

```python
# 第十步：数据类型转换，将数据集转换为PyTorch张量，以便在神经网络中使用
train1 = torch.from_numpy(train_X)
train2 = torch.from_numpy(train_Y)
test1 = torch.from_numpy(test_X)
test2 = torch.from_numpy(test_Y)
# 第十一步：定义LSTM模型
class LSTM_linear(nn.Module):
    def __init__(self, input_size, hidden_size, output_size=1, num_layers=2):
        super(LSTM_linear, self).__init__()

        self.lstm = nn.LSTM(input_size, hidden_size, num_layers)  # RNN
        self.linear = nn.Linear(hidden_size, output_size)  # 回归

    def forward(self, x):
        x, _ = self.lstm(x)  # (seq, batch, hidden)
        s, b, h = x.shape
        x = x.view(s * b, h)  # 转换成线性层的输入格式
        x = self.linear(x)
```

```
            x = x.view(s, b, -1)
return x

net = LSTM_linear(8, 78)
# 定义损失函数和优化器
criterion = nn.MSELoss()
optimizer = torch.optim.Adam(net.parameters(), lr=1e-2)

# 第十二步：训练模型
for e in range(200):
# 使用循环对模型进行训练，训练200个epochs。在每个epoch中，计算模型的损失，然后使用优化器
更新模型参数。
out = net(train1)
    loss = criterion(out, train2)
    optimizer.zero_grad()
    loss.backward()
    optimizer.step()
if (e + 1) % 5 == 0:
print('Epoch: {}, Loss: {:.5f}'.format(e + 1, loss.item()))

# 第十三步：预测并进行反归一化
net = net.eval()
data_X = data_X.reshape(-1,1,2)
data_X = torch.Tensor(data_X)
pred_test = net(test1)
pred_test = pred_test.view(-1).data.numpy()*(max_value-min_value) + min_value
test2 = test2.view(-1).data.numpy()*(max_value-min_value) + min_value
# 第十四步：结果可视化
plt.plot(test2, label='real')
plt.plot(pred_test,label='LSTM_prediction')
plt.legend(loc='best')
plt.show()
# 第十五步：计算方均根误差（RMSE）、平均绝对误差（MAE）指标，对客流预测模型准确度进行评估
from sklearn.metrics import mean_squared_error, mean_absolute_error
# 计算方均根误差（RMSE）
rmse = np.sqrt(mean_squared_error(test2, pred_test))
print(f'RMSE: {rmse:.4f}')

# 计算平均绝对误差（MAE）
mae = mean_absolute_error(test2, pred_test)
print(f'MAE: {mae:.4f}')
```

方均根误差（RMSE）和平均绝对误差（MAE）是用于评估客流预测模型准确度的常见指标。它们用于衡量模型的预测与实际观测之间的差异，这些指标的值越小，表示模型的预测越准确。

1）RMSE是通过计算模型预测值与真实值之间的差异的二次方平均值，然后取二次方根来衡量预测误差的指标。它对预测误差的较大值更加敏感，因为误差被二次方，所以较大的误差对RMSE的影响更大。RMSE的值越小，表示模型的预测越精确。

2）MAE 是通过计算模型预测值与真实值之间的绝对差异的平均值来衡量预测误差的指标。与 RMSE 不同，MAE 不对误差进行二次方，因此它对预测误差的较大值不那么敏感。MAE 的值越小，表示模型的平均预测误差越小。

在客流预测模型中，通常会同时使用 RMSE 和 MAE 来评估模型的性能，它们提供不同层面的信息。RMSE 更加关注大误差，而 MAE 更加关注所有误差的平均值。综合考虑这两个指标可以更全面地评估模型的准确性。

训练日志及计算结果如下：

```
Epoch: 5, Loss: 0.01677
Epoch: 10, Loss: 0.01311
...
Epoch: 195, Loss: 0.00690
Epoch: 200, Loss: 0.00643
RMSE: 4.2732
MAE: 3.1297
```

从训练日志中可以看出训练损失（Loss）逐渐减小，这表示模型在训练数据上逐渐学到了数据的模式和特征，使得预测结果逐渐接近实际值。总体上看，随着训练轮次（Epoch）的增加，训练损失逐渐下降，这表明模型在训练数据上的性能不断提高。最终的损失值是 0.00643，这个值是相对较小的，较小的损失值通常表示模型在训练数据上拟合得较好。

程序得出的真实客流量数据、LSTM 预测数据与真实数据对比结果如图 6-2 和图 6-3 所示。

6.2.2 CNN 模型

```
# 第一步：导入必要库
import torch
import torch.nn as nn
import numpy as np
import pandas as pd
import matplotlib.pyplot as plt
from sklearn.preprocessing import MinMaxScaler
```

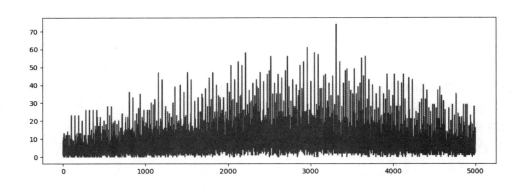

图 6-2　真实客流量数据

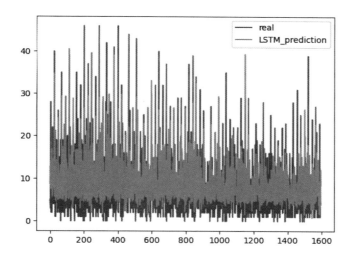

图 6-3　LSTM 预测数据与真实数据对比结果

```
# 第二步：导入前述 LSTM 中使用的 Line10(1min) 进站客流
data_csv = pd.read_csv('./Line10(1min).csv', encoding = 'gb2312')
data_csv.head()    # 观察数据集，这是一个单变量时间序列
# 第三步：可视化客流数据
y = data_csv["Entry_Passenger_Count"].values.astype(float)   # 数据类型改为浮点型
plt.figure(figsize=(12, 4))
plt.grid(True)   # 网格化处理
plt.plot(y)
plt.show()


# 第四步：划分测试集和训练集，最后 1500 个作为测试集
test_size = 1500
train_iter = y[:-test_size]
test_iter = y[-test_size:]
# 第五步：归一化至 [-1,1] 区间，为了获得更好的训练效果
scaler = MinMaxScaler(feature_range=(-1, 1))
train_norm = scaler.fit_transform(train_iter.reshape(-1, 1))

# 第六步：创建时间序列训练集
train_set = torch.FloatTensor(train_norm).view(-1)

# 第七步：定义时间窗口，将原始时间序列数据分割成用于训练的数据点
Time_window_size = 72
# 从原时间序列中抽取出训练样本，用第 1 个值到第 72 个值作为 X 输入，预测第 73 个值作为 y 输出，
  这是一个用于训练的数据点，时间窗口向后滑动以此类推
def input_data(seq, ws):
    out = []
    L = len(seq)
for i in range(L-ws):
        window = seq[i:i + ws]
        label = seq[i + ws:i + ws + 1]
```

```
        out.append((window, label))
return out


train_data = input_data(train_set, Time_window_size)
len(train_data)    # 等于5300（原始数据集长度）-1500（测试集长度）-72（时间窗口）

from numpy.lib.stride_tricks import sliding_window_view
output = sliding_window_view(train_set, Time_window_size)
len(output)
```

以上代码将原始时间序列数据划分为一系列的训练数据点，每个数据点包含了一个时间窗口内的数据以及该窗口的目标值，以供深度学习模型进行训练。这种数据预处理是为了将时间序列数据转换为适合机器学习模型训练的格式。

```
# 第八步：定义CNN客流量预测模型
class CNNnetwork(nn.Module):
def __init__(self):
super(CNNnetwork, self).__init__()
self.conv1 = nn.Conv1d(in_channels=1, out_channels=64, kernel_size=2)
self.relu = nn.ReLU(inplace=True)
self.conv2 = nn.Conv1d(in_channels=64, out_channels=32, kernel_size=2)
self.pool = nn.MaxPool1d(kernel_size=2, stride=2)
self.fc1 = nn.Linear(32 * 35, 640)
self.fc2 = nn.Linear(640, 1)
self.drop = nn.Dropout(0.5)
# 定义模型前向传播的函数。前向传播是模型从输入到输出的计算过程。
def forward(self, x):
        x = self.conv1(x)
        x = self.relu(x)
        x = self.conv2(x)
        x = self.relu(x)
        x = self.pool(x)
        x = self.drop(x)
        x = x.view(-1)
        x = self.fc1(x)
        x = self.relu(x)
        x = self.fc2(x)
return x
net = CNNnetwork()
# 定义了损失函数，这里采用方均误差（Mean Squared Error, MSE）作为损失函数，用于衡量模型的预测值与真实值之间的差异。
criterion = nn.MSELoss()
# 定义了优化器，这里采用Adam 优化器，用于根据损失函数的梯度来更新模型的参数（卷积层和全连接层的权重和偏差），学习率为0.0005。
optimizer = torch.optim.Adam(net.parameters(), lr= 0.0005)
# 第九步：开始训练模型
epochs = 20
net.train()
```

```python
# 循环迭代训练模型
for epoch in range(epochs):

    for seq, y_train in train_data:
        # 每次更新参数前都梯度归零和初始化
        optimizer.zero_grad()
        y_train = y_train
        # 对样本进行reshape，换成conv1d的input size(batch_size, channel, series_legth)
        seq = seq.reshape(1, 1, -1)
        y_pred = net(seq)
        loss = criterion(y_pred, y_train)
        loss.backward()
        optimizer.step()

    print(f'Epoch: {epoch + 1:2} Loss:{loss.item():10.8f}')

# 第十步：进行预测。这里定义了未来的时间步数，即要预测未来多少个时间步的客流量
future = 1500

# 选取序列最后12个值开始预测
preds = train_set[-Time_window_size:].tolist()

# 设置成eval模式
net.eval()
# 循环预测未来时间步的客流量
for i in range(future):
    seq = torch.FloatTensor(preds[-Time_window_size:])
    with torch.no_grad():
        seq = seq.reshape(1,1,-1)
        preds.append(net(seq).item())
# 逆归一化还原真实值
true_predictions = scaler.inverse_transform(np.array(preds[Time_window_size:]).reshape(-1,1))

# 第十一步：对比真实和预测值
plt.figure(figsize=(12, 4))
plt.grid(True)
x = np.arange(3800, 5300)
plt.plot(x, y[-1500:], label='True Values')
plt.plot(x, true_predictions, label='Predicted Values')
plt.legend()
plt.show()
# 第十二步：计算方均根误差（RMSE）、平均绝对误差（MAE）
from sklearn.metrics import mean_squared_error, mean_absolute_error
# 计算方均根误差（RMSE）
rmse = np.sqrt(mean_squared_error(y[-1500:], true_predictions))
# 计算平均绝对误差（MAE）
mae = mean_absolute_error(y[-1500:], true_predictions)
print(f'RMSE: {rmse:.4f}')
print(f'MAE: {mae:.4f}')
```

训练日志及计算结果如下:

```
Epoch:  1 Loss:0.00099121
Epoch:  2 Loss:0.02259526
...
Epoch: 19 Loss:0.01139344
Epoch: 20 Loss:0.01514421
RMSE:  4.9520
MAE:   3.5687
```

程序得出的 CNN 预测数据与真实数据对比结果如图 6-4 所示。

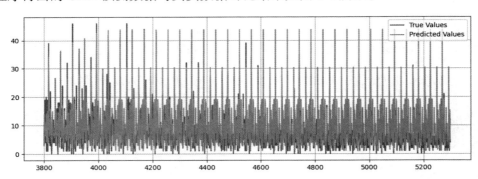

图 6-4　CNN 预测数据与真实数据对比结果

6.2.3　结果分析

（1）预测图象对比分析

如图 6-5 和图 6-6 所示，LSTM 和 CNN 对于真实数据的拟合都比较接近，因此单一的图像分析可能无法全面评估模型的性能，通常需要结合其他指标（如 RMSE、MAE 等）和统计测试来进行综合评估。

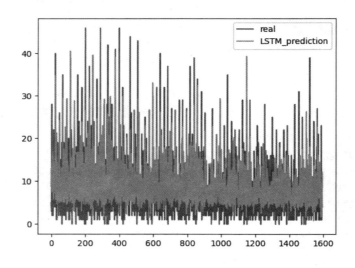

图 6-5　LSTM 客流量预测

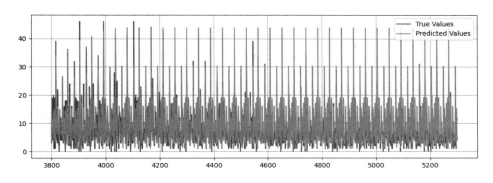

图 6-6　CNN 客流量预测

（2）误差指标分析

如表 6-8 所示，LSTM 的 RMSE 值和 MAE 值都较低，分别为 4.2732 和 3.1297，这表示 LSTM 在客流量预测任务中的表现更好，其预测的更接近真实值；相比之下，CNN 的 RMSE 和 MAE 值较高，分别为 4.9520 和 3.5687，这说明着 CNN 的预测相对不如 LSTM 准确，误差较大。

表 6-8　误差指标

	RMSE	MAE
LSTM	4.2732	3.1297
CNN	4.9520	3.5687

LSTM 在客流量预测上表现更稳定：LSTM 模型在客流量预测任务中获得了较低的 RMSE 和 MAE 值，这表明它对于处理时间序列数据的能力更强。对于需要稳定、准确的客流预测任务，LSTM 是一个可靠的选择。

尽管 LSTM 在这个特定任务中表现更好，但并不意味着它在所有情况下都是最佳选择。模型的选择应根据任务、数据集和问题的特性而定。模型的性能往往受到数据特性的影响，有时 CNN 可能在特定类型的数据或问题上表现更好。LSTM 通常擅长捕捉时序信息，适用于具有时间相关性的数据；而 CNN 更适合图像和空间数据的处理。因此，如果客流量数据具有强烈的时间相关性，LSTM 可能更适合。

第 7 章

多模型共享单车骑行需求预测

7.1 数据说明及具体目标

在覆盖整个城市的共享单车系统网络中，用户可以自助租借、归还自行车。目前，全球有超过 500 个共享单车系统。这些系统生成的数据明确记录了用户租车时间、出发地点和结束地点等信息，充当着传感器网络的作用，可用于研究城市的交通出行行为。本章使用包括天气情况在内的历史数据，来预测华盛顿共享单车系统的租借需求。

1. 文件描述

train.csv，包含目标变量的训练集。
test.csv，不包含目标变量的测试集。

2. 数据字段

这里提供了一个跨越两年时间的每小时租车数据，其中训练集提供了每个月前 19 天的数据和使用情况，测试集提供了 20 号后到月末的数据。数据字段统计和说明如图 7-1 和表 7-1 所示。

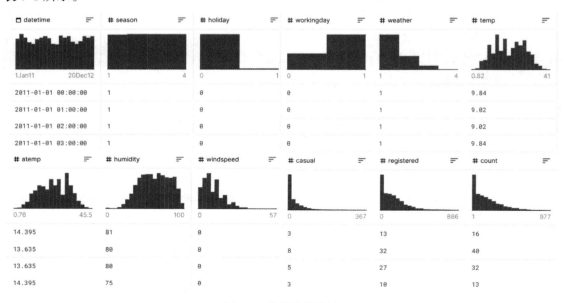

图 7-1 数据字段统计

表 7-1 数据字段说明

数据字段	释义	说明
datetime	日期	每小时的日期数据
season	季节	1=春 2=夏 3=秋 4=冬
holiday	节假日	1=节假日 0=非节假日
workingday	工作日	1=工作日 0=周末
weather	天气	1=晴天多云 2=雾天阴天 3=小雪小雨 4=大雨大雪大雾
temp	实际温度	气温摄氏度
atemp	体感温度	体感温度
humidity	湿度	湿度
windspeed	风速	风速
casual	非注册	非注册用户个数
registered	已注册	注册用户个数
count	租赁数量	每小时的总租车人数

3. 最终目标

使用租赁期之前可用的信息，来预测测试集每个小时的单车使用量。

4. 评估指标

要求用对数方均根误差（Root Mean Squared Logarithmic Error, RMSLE）来评价模型的好坏。其数学公式为

$$\text{RMSLE} = \sqrt{\frac{1}{n}\sum_{i=1}^{n}\left[\ln(p_i+1) - \ln(a_i+1)\right]^2}$$

式中，n 为测试集样本数；p_i 为测试值；a_i 为实际值。当方均根误差越小时，表示数据的拟合效果越好，测试值越接近实际值。

7.2 实施流程

多模型共享单车骑行需求预测算法流程框图如图 7-2 所示。

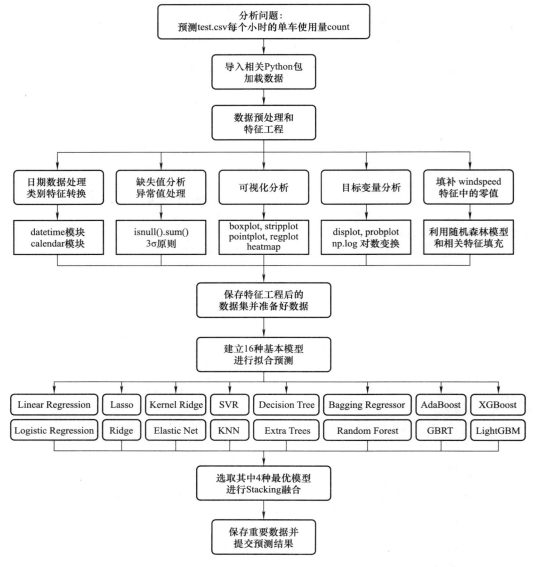

图 7-2　多模型共享单车骑行需求预测算法流程框图

7.3　数据预处理

7.3.1　导入相关包

相应的代码如下：

```
# 数据处理
import numpy as np
import pandas as pd
```

```
import calendar
from datetime import datetime
from scipy import stats
from scipy.stats import norm
# 数据可视化
import matplotlib.pyplot as plt
import seaborn as sns
import matplotlib as mpl
# 模型
from sklearn.preprocessing import RobustScaler
from sklearn.model_selection import train_test_split
from sklearn.linear_model import LinearRegression, LogisticRegression, Ridge, Lasso, ElasticNet
from sklearn.kernel_ridge import KernelRidge
from sklearn.svm import SVR
from sklearn.neighbors import KNeighborsRegressor
from sklearn.tree import DecisionTreeRegressor, ExtraTreeRegressor
from sklearn.ensemble import BaggingRegressor, RandomForestRegressor
from sklearn.ensemble import AdaBoostRegressor, GradientBoostingRegressor
from sklearn.ensemble import StackingRegressor
import xgboost as xgb
import lightgbm as lgb
from sklearn.model_selection import GridSearchCV
from sklearn import metrics
# 杂项
import warnings
pd.options.mode.chained_assignment = None
warnings.filterwarnings("ignore")
%matplotlib inline
```

7.3.2 读取数据

相应的代码如下：

```
train = pd.read_csv("../input/bike-sharing-demand/train.csv", parse_dates=True)
# parse_dates 将 csv 中的时间字符串转换成日期格式
test = pd.read_csv("../input/bike-sharing-demand/test.csv", parse_dates=True)
train.info()
```

给出样本数据的相关信息概览包括，行数、列数、列索引、列非空值个数、列类型、内存占用。相应的代码如下：

```
<class 'pandas.core.frame.DataFrame'>
RangeIndex: 10886 entries, 0 to 10885
Data columns (total 12 columns):
 #   Column      Non-Null Count  Dtype
---  ------      --------------  -----
 0   datetime    10886 non-null  object
```

```
 1   season       10886 non-null    int64
 2   holiday      10886 non-null    int64
 3   workingday   10886 non-null    int64
 4   weather      10886 non-null    int64
 5   temp         10886 non-null    float64
 6   atemp        10886 non-null    float64
 7   humidity     10886 non-null    int64
 8   windspeed    10886 non-null    float64
 9   casual       10886 non-null    int64
 10  registered   10886 non-null    int64
 11  count        10886 non-null    int64
dtypes: float64(3), int64(8), object(1)
memory usage: 1020.7+ KB
```

7.3.3 日期数据处理及特征类别转换

相应的代码如下:

```
    for df in [train, test]:
# 日期数据处理
format = '%Y-%m-%d %H:%M:%S'
df['date'] = pd.to_datetime(df['datetime'], format=format)
    df['month'] = df.date.dt.month
    df['day'] = df.date.dt.day
    df['weekday'] = df.date.dt.weekday
    df['hour'] = df.date.dt.hour
    df.drop(['date'], axis=1, inplace=True)
# 转换部分特征为类别特征
df['month'] = df.month.apply(lambda x: calendar.month_name[x])
    df['weekday'] = df.weekday.apply(lambda x: calendar.day_name[x])
    df["season"] = df.season.map({1: "Spring", 2 : "Summer", 3 : "Fall", 4 :
"Winter" })
    df["weather"] = df.weather.map({1: "Sunny", 2:"Cloudy", 3:"Light Rain",
4:"Heavy Rain"})
# 将类别特征强制转换为Category
category_varlist = ["month", "day", "weekday", "hour", "season", "holiday",
"workingday", "weather"]
for var in category_varlist:
        df[var] = df[var].astype("category")
```

7.3.4 异常值处理

1. 利用箱线图可视化目标变量 Count（见图 7-3）

相应的代码如下:

```
plt.figure(figsize=(6, 6))
sns.boxplot(data=train, y="count")
plt.title("Box Plot On Count")
   >>Text(0.5, 1.0, 'Box Plot On Count')
```

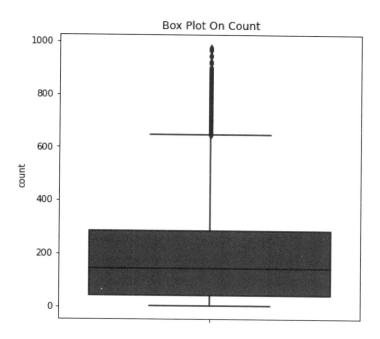

图 7-3　程序得出的目标变量箱线图

2. 利用 3σ 原则去除异常值

相应的代码如下：

```
# 利用3sigma原则去除异常值
print ("去除异常值前的训练集大小：", train.shape)
train = train[abs(train["count"] - train["count"].mean()) <= (3 * train["count"].std())]
print ("去除异常值后的训练集大小：", train.shape)
    >> 去除异常值前的训练集大小：(10886, 16)
       去除异常值后的训练集大小：(10739, 16)
```

7.3.5　可视化分析

首先对 8 个类别特征进行可视化，相应的代码如下：

```
weekday_order = ['Monday', 'Tuesday', 'Wednesday', 'Thursday', 'Friday',
'Saturday', 'Sunday']
month_order = ['January', 'February', 'March', 'April', 'May', 'June',
'July', 'August', 'September', 'October', 'November', 'December']
season_order = ['Spring', 'Summer', 'Fall', 'Winter']
weather_order = ['Sunny', 'Cloudy', 'Light Rain', 'Heavy Rain']
fig, axes = plt.subplots(figsize=(15, 20), nrows=4, ncols=2)
sns.boxplot(data=train, y="count", x="hour", ax=axes[0][0])
sns.boxplot(data=train, y="count", x="weekday", order=weekday_order,
ax=axes[0][1])
sns.boxplot(data=train, y="count", x="day", ax=axes[1][0])
```

```
sns.boxplot(data=train, y="count", x="month", order=month_order, ax=axes[1]
[1])
sns.boxplot(data=train, y="count", x="season", order=season_order, ax=axes[2]
[0])
sns.boxplot(data=train, y="count", x="holiday", ax=axes[2][1])
sns.boxplot(data=train, y="count", x="workingday", ax=axes[3][0])
sns.stripplot(data=train, y="count", x="weather", order=weather_order,
ax=axes[3][1])
axes[0][0].set(xlabel='Hour', ylabel='Count', title="Boxplot On Count Across
Hour")
axes[0][1].set(xlabel='Weekday', ylabel='Count', title="Boxplot On Count
Across Weekday")
axes[1][0].set(xlabel='Day', ylabel='Count', title="Boxplot On Count Across
Day")
axes[1][1].set(xlabel='Month', ylabel='Count', title="Boxplot On Count Across
Month")
axes[2][0].set(xlabel='Season', ylabel='Count', title="Boxplot On Count Across
Season")
axes[2][1].set(xlabel='Holiday', ylabel='Count', title="Boxplot On Count
Across Holiday")
axes[3][0].set(xlabel='Workingday', ylabel='Count', title="Boxplot On Count
Across Workingday")
axes[3][1].set(xlabel='Weather', ylabel='Count', title="Stripplot On Count
Across Weather")
plt.tight_layout()
```

不同时间段对使用量的影响（Hour→Count）：如图7-4a所示，在一天中不同时间段，共享单车使用量差异明显，在8点和16点~19点明显多于其他时间点，考虑到的原因是在这期间是上下班的高峰期；在0点~5点明显低于其他时间点，考虑到的原因是在此期间为睡眠时间。

星期几对使用量的影响（Weekday→Count）：如图7-4b所示，星期几对单车总使用量没有太大的影响。

一个月内的哪一天对使用量的影响（Day→Count）：如图7-4c所示，一个月的哪一天对单车总使用量没有太大的影响。

月份对使用量的影响（Month→Count）：如图7-4d所示，11月~4月的共享单车使用量会比其他月份少一点，可能是季节原因，冬季和春季太冷导致使用量降低。所以接下来观察一下季节对使用量的影响进行验证。

季节对使用量的影响（Season→Count）：如图7-4e所示，可以看到冬春相对夏秋使用量相对较少，与上面月份产生的结论相互印证。

节假日对使用量的影响（Holiday→Count）：如图7-4f所示，是否节假日对单车总使用量基本没有太大的影响。

工作日对使用量的影响（Workingday→Count）：如图7-4g所示，是否工作日对单车总使用量基本没有太大的影响。

天气对使用量的影响（Weather→Count）：如图7-4h所示，天气对单车的影响基本符合日常生活中的实际情况，下雨天单车使用量减少，下暴雨时基本没人使用共享单车。

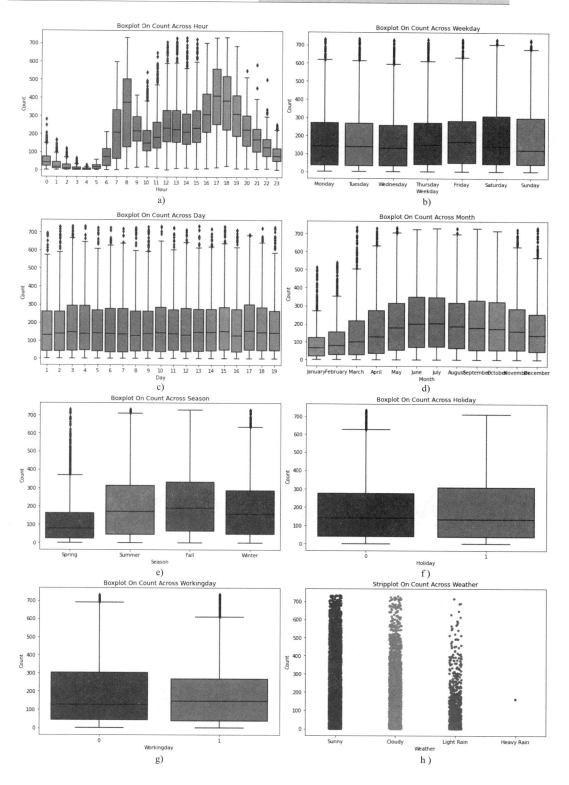

图 7-4 程序得出的类别特征分析可视化图

其次，两字段结合可视化分析，相应的代码如下：

```
# plt.rcParams['font.sans-serif'] = ['SimHei']
myfont = mpl.font_manager.FontProperties(fname="/kaggle/input/myfont/SimHei.ttf")
plt.rcParams['axes.unicode_minus'] = False
plt.figure(figsize=(14, 10))
plt.subplot(221)
sns.pointplot(x="hour", y="count", hue="weekday", hue_order=weekday_order, ci=None, data=train)
plt.title(" 星期对不同时间段单车使用量的影响 ",fontproperties=myfont, fontsize=12)
plt.subplot(222)
sns.pointplot(x="hour", y="count", hue="day", ci=None, data=train)
plt.title(" 日期对不同时间段单车使用量的影响 ",fontproperties=myfont, fontsize=12)
plt.subplot(223)
sns.pointplot(x="hour", y="count", hue="holiday", ci=None, data=train)
plt.title(" 节假日对不同时间段单车使用量的影响 ",fontproperties=myfont, fontsize=12)
plt.subplot(224)
sns.pointplot(x="hour", y="count", hue="workingday", ci=None, data=train)
plt.title(" 工作日对不同时间段单车使用量的影响 ",fontproperties=myfont, fontsize=12)
plt.tight_layout()
```

星期（weekday）对不同时间段单车使用量的影响（hour+weekday → count）：与周一～周五相比，周六、周日对不同时间段单车使用量的影响明显不同，如图 7-5a 所示。

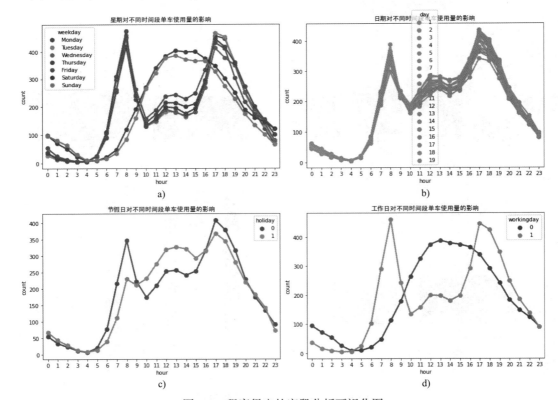

图 7-5　程序得出的字段分析可视化图

日期（day）对不同时间段单车使用量的影响（hour+day → count）：不同日期对不同时间段单车使用量的影响，在两个峰值之间表现出一定差异，如图 7-5b 所示。

节假日（holiday）对不同时间段单车使用量的影响（hour+holiday → count）：相比于节假日，非节假日在上班和下班高峰期表现出更大的单车使用量，如图 7-5c 所示。

工作日（workingday）对不同时间段单车使用量的影响（hour+workingday → count）：相比于非工作日，工作日在上班和下班高峰期表现出更大的单车使用量；而非工作日 11 点～17 点的单车使用量更高，猜测有可能是出门吃饭或游玩，如图 7-5d 所示。

然后，对其中 6 个数值特征进行可视化，对应的代码如下：

```
plt.figure(figsize=(18, 8))
plt.subplot(221)
sns.regplot(x="temp", y="count", data=train)
plt.title(" 实际温度对不同时间段单车使用量的影响 ",fontproperties=myfont,
fontsize=12)
plt.subplot(222)
sns.regplot(x="atemp", y="count", data=train)
plt.title(" 体感温度对不同时间段单车使用量的影响 ",fontproperties=myfont,
fontsize=12)
plt.subplot(223)
sns.regplot(x="humidity", y="count", data=train)
plt.title(" 湿度对不同时间段单车使用量的影响 ",fontproperties=myfont, fontsize=12)
plt.subplot(224)
sns.regplot(x="windspeed", y="count", data=train)
plt.title(" 风速对不同时间段单车使用量的影响 ",fontproperties=myfont, fontsize=12)
plt.tight_layout()
```

实际温度对使用量的影响（temp → count）：当实际温度大于 10℃时，温度变化对单车使用量的影响不大；当实际温度低于 10℃时，单车使用量有明显减少，如图 7-6a 所示。

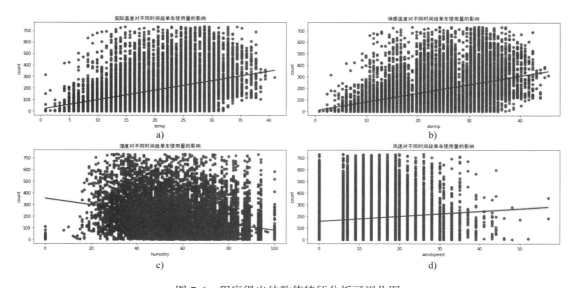

图 7-6　程序得出的数值特征分析可视化图

体感温度对使用量的影响（atemp → count）：体感温度对单车使用量的影响与实际温度对其影响是一致的。当体感温度大于10℃时，温度变化对单车使用量的影响不大；当体感温度低于10℃时，单车使用量有明显减少，如图7-6b所示。

湿度对使用量的影响（humidity → count）：整体来看，湿度对单车使用量的影响不是很大，湿度高于90%时使用量有所减少，可能因为湿度达到90%的时候已经是下雨的天气，如图7-6c所示。

风速对使用量的影响（windspeed → count）：整体来看，风速对单车使用量也没有太大影响，风速接近40及以上的情况下，单车使用量减少，而风速超过50的数据点也比较少，风速为0的时候，使用量偏高可能是由于null填充导致的，如图7-6d所示。

然后，对注册用户和非注册用户与使用量关系进行可视化，对应代码如下：

```
melt_df = pd.melt(train[["hour", "casual", "registered", "count"]],
id_vars=["hour"],
value_vars=["casual", "registered", "count"])
melt_group_df = melt_df.groupby(["hour", "variable"])["value"].mean().
reset_index()
plt.figure(figsize=(18, 6))
plt.subplot(121)
variable_order = ['casual', 'registered', 'count']
sns.pointplot(x="hour", y="value", hue="variable", hue_order=variable_order,
data=melt_group_df)
plt.subplot(122)
sns.pointplot(x="hour", y="value", hue="variable", hue_order=variable_order,
data=melt_df)
    <AxesSubplot:xlabel='hour', ylabel='value'>
```

注册用户和非注册用户对使用量的影响（registered → count 和 casual → count）：如图7-7所示，注册用户的使用量占据了单车总使用量的绝大多数，并且趋势与总使用量趋势一致；而非注册用户，一天中不同时段的使用量没有太大变化，这说明使用量主要由注册用户决定，注册用户更有黏性。

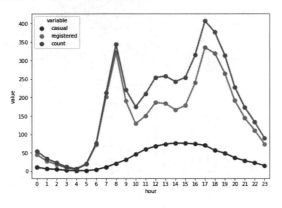 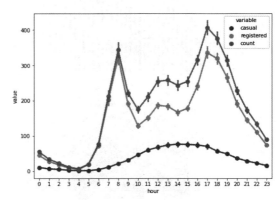

图7-7　程序得出的注册用户和非注册用户与使用量关系可视化图

最后，绘制各个数值特征之间的相关矩阵热图，对应代码如下：

```
corr_df=train[["temp","atemp","humidity","windspeed","casual","registered",
"count"]].corr()
mask = np.array(corr_df)
mask[np.tril_indices_from(mask)] = False  # mask = np.zeros_like(corr)
# mask[np.triu_indices_from(mask)] = True
plt.figure(figsize=(10, 8))
sns.heatmap(corr_df, mask=mask, vmax=0.8, square=True, annot=True)
```

要理解目标变量如何受数值特征影响的一个常见方法是找出它们之间的相关矩阵，绘制 count 与 [temp，atemp，humidity，windspeed，casual，registered] 之间的相关矩阵热图（见图 7-8）。

humidity 与 count 呈负相关，temp 等其他特征与 count 呈负相关。

temp 和 atemp 之间有很强的相关性，都纳入模型的话会造成多重共线性问题，所以必须删除其中一个特征。删除 atemp 特征，因为它与 count 之间的相关性较 temp 弱。

casual 和 registered 也不考虑在内，因为它们本质上是泄漏变量，测试集中也没有它们的数值，所以需要在模型构建过程中删除。

这样，建模时主要考虑 temp、humidity、windspeed 这 3 个数值特征。

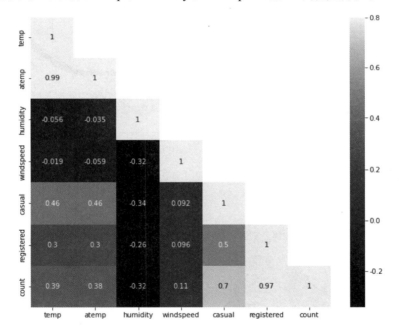

图 7-8　程序得出的数值特征间的矩阵热图

目标变量分析代码如下：

```
fig, ax = plt.subplots(ncols=2, nrows=2, figsize=(12, 9))
(mu, sigma) = norm.fit(train['count'])
sns.distplot(train['count'], fit=norm, ax=ax[0][0])
ax[0][0].legend(['Normal dist. ($\mu=$ {:.2f} and
$\sigma=$ {:.2f} )'.format(mu, sigma)], loc='best')
```

```
ax[0][0].set_title(" 对数变换前的 Count 分布 ",fontproperties=myfont, fontsize=12)
stats.probplot(train['count'], plot=ax[0][1])
train['count'] = np.log(train['count'])
(mu, sigma) = norm.fit(train['count'])
sns.distplot(train['count'], fit=norm, ax=ax[1][0])
ax[1][0].legend(['Normal dist. ($\mu=$ {:.2f} and $\sigma=$ {:.2f} )'.
format(mu, sigma)], loc='best')
ax[1][0].set_title(" 对数变换后的 Count 分布 ",fontproperties=myfont, fontsize=12)
stats.probplot(train['count'], plot=ax[1][1])
plt.tight_layout()
```

如图 7-9 所示，可以看出，目标变量 count 呈右偏分布。由于大多数机器学习技术要求因变量为正态分布，因此需要进行变量转换。一种可能的解决方案是在删除异常数据点后对变量 count 进行对数转换。转换后的数据看起来好多了，近似遵循正态分布。

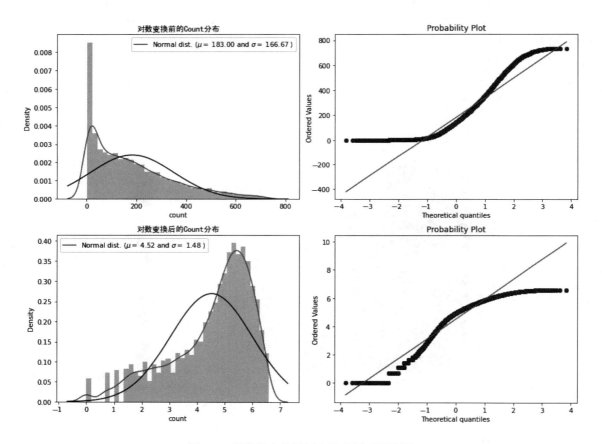

图 7-9　程序得出的目标变量分析可视化图

由上述的可视化分析知道，风速为 0 时使用量偏高，可能是由于 null 填充导致的。通过唯一值计数知道 0 值有 1297 个，的确有些过多。因此，这里采用随机森林模型填充 windspeed 特征中的零值。运用随机森林模型填充 windspeed 特征中的零值，对应代码如下：

```
train.windspeed.value_counts().iloc[:10]
>> 0.0000     1297
   8.9981     1109
   11.0014    1037
   12.9980    1027
   7.0015     1027
   15.0013     942
   6.0032      866
   16.9979     807
   19.0012     664
   19.9995     486
   Name: windspeed, dtype: int64
fig, axes = plt.subplots(figsize=(15, 20), nrows=4, ncols=2)
sns.boxplot(data=train, y="windspeed", x="hour", ax=axes[0][0])
sns.boxplot(data=train, y="windspeed", x="weekday", order=weekday_order,
ax=axes[0][1])
sns.boxplot(data=train, y="windspeed", x="day", ax=axes[1][0])
sns.boxplot(data=train, y="windspeed", x="month", order=month_order,
ax=axes[1][1])
sns.boxplot(data=train, y="windspeed", x="season", order=season_order,
ax=axes[2][0])
sns.boxplot(data=train, y="windspeed", x="holiday", ax=axes[2][1])
sns.boxplot(data=train, y="windspeed", x="workingday", ax=axes[3][0])
sns.stripplot(data=train, y="windspeed", x="weather", order=weather_order,
ax=axes[3][1])
axes[0][0].set(xlabel='Hour', ylabel='Windspeed', title="Boxplot On Windspeed
Across Hour")
axes[0][1].set(xlabel='Weekday', ylabel='Windspeed', title="Boxplot On Windspeed
Across Weekday")
axes[1][0].set(xlabel='Day', ylabel='Windspeed', title="Boxplot On Windspeed
Across Day")
axes[1][1].set(xlabel='Month', ylabel='Windspeed', title="Boxplot On Windspeed
Across Month")
axes[2][0].set(xlabel='Season', ylabel='Windspeed', title="Boxplot On Windspeed
Across Season")
axes[2][1].set(xlabel='Holiday', ylabel='Windspeed', title="Boxplot On Windspeed
Across Holiday")
axes[3][0].set(xlabel='Workingday', ylabel='Windspeed', title="Boxplot On
Windspeed Across Workingday")
axes[3][1].set(xlabel='Weather', ylabel='Windspeed', title="Stripplot On
Windspeed Across Weather")
plt.tight_layout()
```

由上述相关矩阵热图可以看到，temp、atemp、humidity 这三个数值特征与 windspeed 有一定相关性，接下来绘制箱线图（见图 7-10）来看看类别特征与 windspeed 之间有没有关系，从而确定随机森林模型应纳入的特征。对应代码如下：

可以看到，除了 holiday 与 windspeed 几乎没有相关性以外，其他类别特征均与 windspeed 有一定关系。

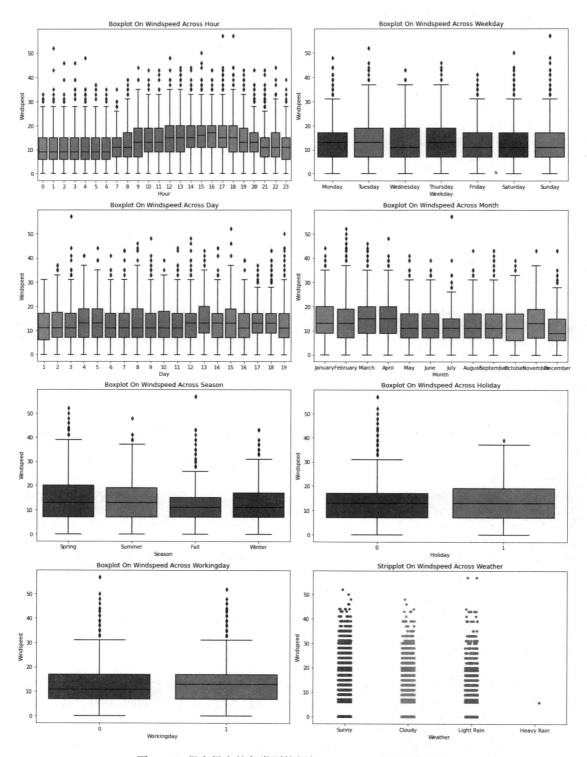

图 7-10　程序得出的各类别特征与 windspeed 关系的箱线图

构建随机森林模型以填补 windspeed 的零值,对应代码如下:

```python
# 合并数据集
data_train = pd.read_csv("../input/bike-sharing-demand/train.csv", 
parse_dates=True)
data_test = pd.read_csv("../input/bike-sharing-demand/test.csv", 
parse_dates=True)
data = data_train.append(data_test).reset_index(drop=True)
# pd.concat([data_train, data_test]).reset_index(drop=True)
# 日期数据处理
format = '%Y-%m-%d %H:%M:%S'
data['date'] = pd.to_datetime(data['datetime'], format=format)
data['month'] = data.date.dt.month
data['day'] = data.date.dt.day
data['weekday'] = data.date.dt.weekday
data['hour'] = data.date.dt.hour
# 准备数据拟合随机森林模型
windspeed_zero = data[data["windspeed"] == 0]
windspeed_nonzero = data[data["windspeed"] != 0]
rf_modeling = RandomForestRegressor()
wind_columns = ["hour", "weekday", "day", "month", "season", "workingday", 
"weather", "temp", "atemp", "humidity"]
rf_modeling.fit(windspeed_nonzero[wind_columns], 
windspeed_nonzero["windspeed"])
# 将原始零值替换为预测结果
windspeed_pred = rf_modeling.predict(windspeed_zero[wind_columns])
windspeed_zero["windspeed"] = windspeed_pred
data = windspeed_nonzero.append(windspeed_zero).reset_index(drop=True)
# 划分好各类特征
cat_feats = ["hour", "weekday", "day", "month", "season", "holiday", 
"workingday", "weather"]
num_feats = ["temp", "humidity", "windspeed"]
drop_feats = ["date", "atemp", "casual", "registered"]
# 强制转换类别特征为 Category
for var in cat_feats:
    data[var] = data[var].astype("category")
data.drop(drop_feats, axis=1, inplace=True)
# 分离训练集和测试集
data_train=data[pd.notnull(data['count'])].sort_values(by=["datetime"]).
reset_index(drop=True)
data_test=data[~pd.notnull(data['count'])].sort_values(by=["datetime"]).
reset_index(drop=True)
# 目标变量异常值处理与对数变换
data_train=data_train[abs(data_train["count"]-data_train["count"].
mean())<= (3*data_train ["count"].std())]
data_train['count'] = np.log(data_train['count'])
data_train.reset_index(drop=True, inplace=True)
```

7.4 模型建立与求解

7.4.1 准备数据

代码如下：

```
# 指明训练集特征、对应标签及测试集特征
X_train = data_train[cat_feats + num_feats]
y_train = data_train["count"].values
X_test = data_test[cat_feats + num_feats]
test_id = data_test["datetime"]
del train, test, data_train, data_test
# 标准化数据
scaler = RobustScaler()
X_train = scaler.fit_transform(X_train)
X_test = scaler.transform(X_test)
# 划分数据集
X_train, X_val, y_train, y_val = train_test_split(X_train, y_train, test_size=0.3)
X_train.shape, X_val.shape, X_test.shape
    >> ((7517, 11), (3222, 11), (6493, 11))
```

7.4.2 基本模型

代码如下：

```
# 定义评价函数
def rmsle(y, y_, convert_exp=True):
if convert_exp:
y = np.exp(y),
y_ = np.exp(y_)
log1 = np.nan_to_num(np.array([np.log(value + 1) for value in y]))
log2 = np.nan_to_num(np.array([np.log(value + 1) for value in y_]))
calc = (log1 - log2) ** 2
return np.sqrt(np.mean(calc))
# 定义调参函数
def find_best_params(model, params, cv=5, n_jobs=-1, X_train=X_train, label=False):
"""
使用网格搜索交叉验证调参GridSearchCV, 返回最佳模型
"""
rmsle_scorer = metrics.make_scorer(rmsle, greater_is_better=False)
# 定义GridSearchCV的评分函数
grid_cv = GridSearchCV(model, param_grid=params, scoring=rmsle_scorer, n_jobs=n_jobs, cv=cv, verbose=2)
grid_cv.fit(X_train, y_train)
if label:
# 可视化每次调参的RMSLE得分
fig, ax = plt.subplots(figsize=(12, 5))
```

```
df = pd.DataFrame(grid_cv.cv_results_)
df["alpha"] = df["params"].apply(lambda x: round(x["alpha"], 3))
df["rmsle"] = df["mean_test_score"].apply(lambda x: -round(x, 4))
        sns.pointplot(data=df, x="alpha", y="rmsle", ax=ax)
# 输出最佳RMSLE得分和最佳参数
print(" 最佳的RMSLE 得分为：%.3f" % (-grid_cv.best_score_))
print(" 最佳的参数为：%s" % (grid_cv.best_params_))
return grid_cv.best_estimator_
# 定义RMSLE结果数据框
global i
i = 0
def result_save(y_val, y_pred, label):
result_df = pd.DataFrame({"Model": label, "RMSLE": rmsle(y_val, y_pred)},
index=[i])
return result_df
```

1. 线性回归 (LinearRegression)

代码如下：

```
# 运用模型进行拟合预测
linear_model = LinearRegression()
linear_model.fit(X_train, y_train)
y_pred = linear_model.predict(X_val)
print("RMSLE For LinearRegression: %.3f" % (rmsle(y_val, y_pred)))
# 保存RMSLE得分
labels = []
label = "Linear Regression"
labels.append(label)
i = 0
result = result_save(y_val, y_pred, label)
result_df = result
del result
result_df
    >> RMSLE For LinearRegression: 1.030
```

2. 逻辑回归 (LogisticRegression)

代码如下：

```
# 运用模型进行拟合预测
lr_model = LogisticRegression()
lr_model.fit(X_train, y_train.astype('int'))
y_pred = lr_model.predict(X_val)
print("RMSLE For Logistic Regression: %.3f" % (rmsle(y_val, y_pred)))
# 保存RMSLE得分
label = "Logistic Regression"
labels.append(label)
i += 1
result = result_save(y_val, y_pred, label)
```

```
result_df = result_df.append(result)
del result
result_df
   >> RMSLE For Logistic Regression: 1.138
```

3. 套索回归（LassoRegression）

```
%%time
# 运用GridSearchCV调参
params = {
'alpha': 1 / np.array([0.1, 1, 2, 3, 4, 10, 30, 100, 200, 300, 400, 800, 900, 1000])
}
lasso_model = find_best_params(Lasso(), params, label=True)
lasso_model
```

程序输出如下：

```
Fitting 5 folds for each of 14 candidates, totalling 70 fits
最佳的RMSLE得分为：1.043
最佳的参数为：{'alpha': 0.005}
CPU times: user 728 ms, sys: 340 ms, total: 1.07 s
Wall time: 1.83 s
Lasso(alpha=0.005)。
```

程序得出的套索回归调参可视化图如图7-11所示。

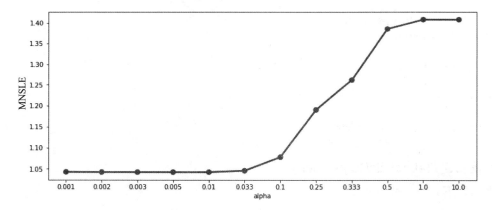

图7-11　程序得出的套索回归调参可视化图

调参后拟合的代码如下：

```
# 运用调参后的最佳模型进行拟合预测
lasso_model.fit(X_train, y_train)
y_pred = lasso_model.predict(X_val)
print("RMSLE For Lasso Regression: %.3f" % (rmsle(y_val, y_pred)))
# 保存RMSLE得分
label = "Lasso Regression"
```

```
labels.append(label)
i += 1
result = result_save(y_val, y_pred, label)
result_df = result_df.append(result)
del result
result_df
   >> RMSLE For Lasso Regression: 1.030
```

4. 岭回归 (RidgeRegression)

代码如下：

```
%%time
# 运用GridSearchCV调参
params = {
'alpha': [0.1, 1, 2, 3, 4, 10, 30, 100, 200, 300, 400, 800, 900, 1000]
}
ridge_model = find_best_params(Ridge(), params, label=True)
ridge_model
```

程序输出如下：

```
Fitting 5 folds for each of 14 candidates, totalling 70 fits
最佳的RMSLE得分为：1.043
最佳的参数为：{'alpha': 100}
CPU times: user 539 ms, sys: 196 ms, total: 735 ms
Wall time: 659 ms
Ridge(alpha=100)
```

程序得出的岭回归调参可视化图如图7-12所示。

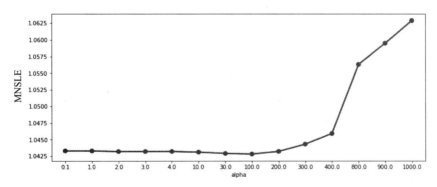

图7-12　程序得出的岭回归调参可视化图

调参后拟合代码如下：

```
# 运用调参后的最佳模型进行拟合预测
ridge_model.fit(X_train, y_train)
y_pred = ridge_model.predict(X_val)
```

```
print("RMSLE For Ridge Regression: %.3f" % (rmsle(y_val, y_pred)))
# 保存 RMSLE 得分
label = "Ridge Regression"
labels.append(label)
i += 1
result = result_save(y_val, y_pred, label)
result_df = result_df.append(result)
del result
result_df
    >> RMSLE For Ridge Regression: 1.030
```

5. 核岭回归 (KernelRidge)

代码如下：

```
%%time
# 运用 GridSearchCV 调参
params = {
'alpha': [0.1, 1, 2, 3, 4, 10, 30, 100, 200, 300, 400, 800, 900, 1000]
}
kridge_model = find_best_params(KernelRidge(kernel='polynomial'), params)
kridge_model
```

程序输出如下：

```
Fitting 5 folds for each of 14 candidates, totalling 70 fits
最佳的 RMSLE 得分为：0.825
最佳的参数为：{'alpha': 0.1}
CPU times: user 13.4 s, sys: 1.46 s, total: 14.9 s
Wall time: 2min 24s
KernelRidge(alpha=0.1, kernel='polynomial')
```

调参后拟合代码如下：

```
# 运用调参后的最佳模型进行拟合预测
kridge_model.fit(X_train, y_train)
y_pred = kridge_model.predict(X_val)
print("RMSLE For KernelRidge Regression: %.3f" % (rmsle(y_val, y_pred)))
# 保存 RMSLE 得分
label = "KernelRidge Regression"
labels.append(label)
i += 1
result = result_save(y_val, y_pred, label)
result_df = result_df.append(result)
del result
result_df
    >> RMSLE For KernelRidge Regression: 0.807
```

6. 弹性网络 (ElasticNet)

代码如下：

```
%%time
# 运用GridSearchCV调参
params = {
'alpha': [0.1, 0.01, 0.005, 0.0025, 0.001],
'l1_ratio': [0.1, 0.25, 0.5, 0.75, 0.8]
}
enet_model = find_best_params(ElasticNet(), params, label=False)
enet_model
```

程序输出如下：

```
Fitting 5 folds for each of 25 candidates, totalling 125 fits
最佳的RMSLE得分为：1.043
最佳的参数为：{'alpha': 0.01, 'l1_ratio': 0.5}
CPU times: user 448 ms, sys: 105 ms, total: 552 ms
Wall time: 633 ms
ElasticNet(alpha=0.01)
```

调参后拟合代码如下：

```
# 运用调参后的最佳模型进行拟合预测
enet_model.fit(X_train, y_train)
y_pred = enet_model.predict(X_val)
print("RMSLE For ElasticNet Regression: %.3f" % (rmsle(y_val, y_pred)))
# 保存RMSLE得分
label = "ElasticNet Regression"
labels.append(label)
i += 1
result = result_save(y_val, y_pred, label)
result_df = result_df.append(result)
del result
result_df
    >> RMSLE For ElasticNet Regression: 1.030
```

7. 支持向量机 (Support Vector Regression，SVR)

代码如下：

```
# 运用模型进行拟合预测
svr_model = SVR(C=0.01)
svr_model.fit(X_train, y_train)
y_pred = svr_model.predict(X_val)
print("RMSLE For SVR: %.3f" % (rmsle(y_val, y_pred)))
# 保存RMSLE得分
label = "SVR"
labels.append(label)
```

```
i += 1
result = result_save(y_val, y_pred, label)
result_df = result_df.append(result)
del result
result_df
    >> RMSLE For SVR: 1.033
```

8. 近邻回归 (KNeighborsRegressor)

代码如下：

```
%%time
# 运用GridSearchCV调参
params = {
'n_neighbors': [*range(1, 11)]
}
knn_model = find_best_params(KNeighborsRegressor(), params)
knn_model
```

程序输出如下：

```
Fitting 5 folds for each of 10 candidates, totalling 50 fits
最佳的RMSLE得分为：0.884
最佳的参数为：{'n_neighbors': 6}
CPU times: user 256 ms, sys: 14.1 ms, total: 270 ms
Wall time: 1.55 s
KNeighborsRegressor(n_neighbors=6)
```

调参后拟合代码如下：

```
# 运用调参后的最佳模型进行拟合预测
knn_model.fit(X_train, y_train)
y_pred = knn_model.predict(X_val)
print("RMSLE For KNN: %.3f" % (rmsle(y_val, y_pred)))
# 保存RMSLE得分
label = "KNN"
labels.append(label)
i += 1
result = result_save(y_val, y_pred, label)
result_df = result_df.append(result)
del result
result_df
    >> RMSLE For KNN: 0.837
```

9. 决策树回归 (DecisionTreeRegressor)

代码如下：

```
# 运用模型进行拟合预测
```

```
dtr_model = DecisionTreeRegressor()
dtr_model.fit(X_train, y_train)
y_pred = dtr_model.predict(X_val)
print("RMSLE For DecisionTreeRegressor: %.3f" % (rmsle(y_val, y_pred)))
# 保存RMSLE得分
label = "DecisionTreeRegressor"
labels.append(label)
i += 1
result = result_save(y_val, y_pred, label)
result_df = result_df.append(result)
del result
result_df
    >> RMSLE For DecisionTreeRegressor: 0.528
```

10. 极端随机树(ExtraTreesRegressor)

代码如下:

```
# 运用模型进行拟合预测
etr_model = ExtraTreeRegressor()
etr_model.fit(X_train, y_train)
y_pred = etr_model.predict(X_val)
print("RMSLE For ExtraTreeRegressor: %.3f" % (rmsle(y_val, y_pred)))

# 保存RMSLE得分
label = "ExtraTreeRegressor"
labels.append(label)
i += 1
result = result_save(y_val, y_pred, label)
result_df = result_df.append(result)
del result
result_df
    >> RMSLE For ExtraTreeRegressor: 0.551
```

11. 装袋法(BaggingRegressor)

代码如下:

```
# 运用模型进行拟合预测
bagging_model = BaggingRegressor()
bagging_model.fit(X_train, y_train)
y_pred = bagging_model.predict(X_val)
print("RMSLE For BaggingRegressor: %.3f" % (rmsle(y_val, y_pred)))

# 保存RMSLE得分
label = "BaggingRegressor"
labels.append(label)
i += 1
result = result_save(y_val, y_pred, label)
result_df = result_df.append(result)
```

```
del result
result_df
    >> RMSLE For BaggingRegressor: 0.401
```

12. 随机森林 (RandomForestRegressor)

代码如下：

```
# 运用模型进行拟合预测
rf_model = RandomForestRegressor()
rf_model.fit(X_train, y_train)
y_pred = rf_model.predict(X_val)
print("RMSLE For RandomForestRegressor: %.3f" % (rmsle(y_val, y_pred)))
# 保存RMSLE得分
label = "RandomForestRegressor"
labels.append(label)
i += 1
result = result_save(y_val, y_pred, label)
result_df = result_df.append(result)
del result
result_df
    >> RMSLE For RandomForestRegressor: 0.384
```

13. AdaBoost (AdaBoostRegressor)

代码如下：

```
# 运用模型进行拟合预测
ada_model = AdaBoostRegressor()
ada_model.fit(X_train, y_train)
y_pred = ada_model.predict(X_val)
print("RMSLE For AdaBoostRegressor: %.3f" % (rmsle(y_val, y_pred)))
# 保存RMSLE得分
label = "AdaBoostRegressor"
labels.append(label)
i += 1
result = result_save(y_val, y_pred, label)
result_df = result_df.append(result)
del result
result_df
    >> RMSLE For AdaBoostRegressor: 0.690
```

14. GBRT (GradientBoostingRegressor)

代码如下：

```
# 运用模型进行拟合预测
gbrt_model = GradientBoostingRegressor()
gbrt_model.fit(X_train, y_train)
y_pred = gbrt_model.predict(X_val)
```

```python
print("RMSLE For GBRT: %.3f" % (rmsle(y_val, y_pred)))
# 保存RMSLE得分
label = "GBRT"
labels.append(label)
i += 1
result = result_save(y_val, y_pred, label)
result_df = result_df.append(result)
del result
result_df
   >> RMSLE For GBRT: 0.441
```

15. XGBoost (XGBRFRegressor)

代码如下：

```python
# 运用模型进行拟合预测
xgb_model = xgb.XGBRFRegressor(n_estimators=1000, max_depth=9)
xgb_model.fit(X_train, y_train)
y_pred = xgb_model.predict(X_val)
print("RMSLE For XGBoost: %.3f" % (rmsle(y_val, y_pred)))
# 保存RMSLE得分
label = "XGBoost"
labels.append(label)
i += 1
result = result_save(y_val, y_pred, label)
result_df = result_df.append(result)
del result
result_df
   >> RMSLE For XGBoost: 0.419
```

16. LightGBM (LGBMRegressor)

代码如下：

```python
# 运用模型进行拟合预测
lgb_model = lgb.LGBMRegressor(n_estimators=1000)
lgb_model.fit(X_train, y_train)
y_pred = lgb_model.predict(X_val)
print("RMSLE For LightGBM: %.3f" % (rmsle(y_val, y_pred)))
# 保存RMSLE得分
label = "LightGBM"
labels.append(label)
i += 1
result = result_save(y_val, y_pred, label)
result_df = result_df.append(result)
del result
result_df
   >> RMSLE For LightGBM: 0.323
   result_df.sort_values(by='RMSLE', ascending=True)
```

16 个模型 RMSLE 对比见表 7-2。

表 7-2 16 个模型 RMSLE 对比

序号	模型	RMSLE
15	LightGBM	0.322925
11	RandomForestRegressor	0.383586
10	BaggingRegressor	0.400962
14	XGBoost	0.419445
13	GBRT	0.441207
8	DecisionTreeRegressor	0.528260
9	ExtraTreeRegressor	0.551368
12	AdaBoostRegressor	0.690286
4	KernelRidge Regression	0.806750
7	KNN	0.836540
5	ElasticNet Regression	1.030002
2	Lasso Regression	1.030054
3	Ridge Regression	1.030163
0	Linear Regression	1.030289
6	SVR	1.033422
1	Logistic Regression	1.138033

7.4.3 模型融合 Stacking

代码如下：

```
estimators = [('lgb', lgb.LGBMRegressor(n_estimators=1000)),
              ('rf', RandomForestRegressor()),
              ('bagging', BaggingRegressor()),
              ('xgb', xgb.XGBRFRegressor(n_estimators=1000, max_depth=9))
              ]
stacking_model = StackingRegressor(estimators=estimators,
final_estimator=GradientBoostingRegressor(random_state=42))
stacking_model.fit(X_train, y_train)
y_pred = stacking_model.predict(X_val)
print("RMSLE For Stacking: %.4f" % (rmsle(y_val, y_pred)))
   >> RMSLE For Stacking: 0.3264
```

7.5 结果分析

7.5.1 各模型残差分析

绘制训练集和验证集的残差图可以提供关于模型性能和错误分布的有用信息。根据残差图可以分析下面提到的一些信息。

模型是否合适：理想情况下，残差应该随机分布在零附近，没有明显的趋势。如果残差图显示出某种模式（如残差随预测值的增加而增加或减少），这可能表明模型没有很好地捕捉数据中的模式，或者模型可能存在问题。

异方差性（Heteroscedasticity）：如果残差图显示出残差的方差随预测值的增加而变化，可能存在异方差性。这可能意味着模型在某些预测值范围内表现较好，而在其他范围内表现较差。

离群值（Outliers）：异常的残差点可能表示离群值，即模型对某些样本的预测出现较大的误差。这可能需要进一步检查和处理，以确保模型对数据的整体趋势有较好的拟合。

线性关系：在线性回归中，残差图也可以用于检查模型是否符合线性关系的假设。残差图应该没有明显的曲线或模式，否则可能表示线性关系的假设不成立。

总体来说，残差图是诊断模型性能和检测模型假设是否成立的有力工具。通过观察残差图，可以判断模型是否需要调整，以及是否存在数据中未考虑的模式或特征。根据下面的代码，可以得到每个模型的残差图和直方图：

```python
import matplotlib.pyplot as plt
import seaborn as sns
# 定义计算预测残差的函数
def calculate_residuals(model, X, y_true):
    y_pred = model.predict(X)
    residuals = y_true - y_pred
    return residuals
# 创建一个子图网格，每行一个模型的残差图
fig, axes = plt.subplots(nrows=len(labels), ncols=2, figsize=(14, 4 * len(labels)),dpi=300)
fig.tight_layout(pad=5.0)
# 绘制每个模型的残差图
for i, label in enumerate(labels):
    model = None
    # 获取对应的模型
    if label == "Linear Regression":
        model = linear_model
    elif label == "Logistic Regression":
        model = lr_model
    elif label == "Lasso Regression":
        model = lasso_model  # 你需要定义 lasso_model
    elif label == "Ridge Regression":
        model = ridge_model
    elif label == "KernelRidge Regression":
        model = kridge_model
    elif label == "ElasticNet Regression":
        model = enet_model
    elif label == "SVR":
        model = svr_model
    elif label == "KNN":
        model = knn_model
    elif label == "DecisionTreeRegressor":
        model = dtr_model
```

```
    elif label == "ExtraTreeRegressor":
        model = etr_model
    elif label == "BaggingRegressor":
        model = bagging_model
    elif label == "RandomForestRegressor":
        model = rf_model
    elif label == "AdaBoostRegressor":
        model = ada_model
    elif label == "GBRT":
        model = gbrt_model
elif label == "XGBoost":
        model = xgb_model
    elif label == "LightGBM":
        model = lgb_model
    elif label == "Stacking":
        model = stacking_model
    # 计算残差
    residuals = calculate_residuals(model, X_val, y_val)
    # 绘制残差图
    axes[i, 0].scatter(model.predict(X_val), residuals, color='blue', alpha=0.5)
    axes[i, 0].axhline(y=0, color='red', linestyle='--')
    axes[i, 0].set_title(f'Residuals Plot - {label}')
    axes[i, 0].set_xlabel('Predicted Values')
    axes[i, 0].set_ylabel('Residuals')
    # 绘制直方图
    sns.histplot(residuals, bins=30, kde=True, color='green', ax=axes[i, 1])
    axes[i, 1].set_title(f'Residuals Distribution - {label}')
    axes[i, 1].set_xlabel('Residuals')
    axes[i, 1].set_ylabel('Frequency')
plt.show()
```

17 个模型的残差图和直方图如图 7-13～图 7-29 所示。

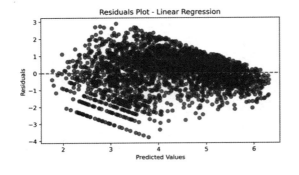
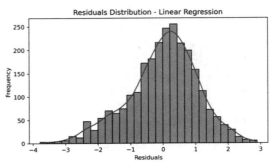

图 7-13 线性回归残差图与直方图

第 7 章　多模型共享单车骑行需求预测

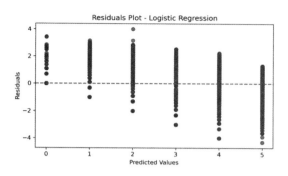 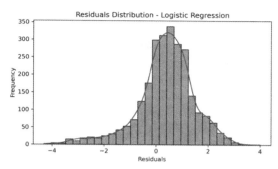

图 7-14　逻辑回归残差图与直方图

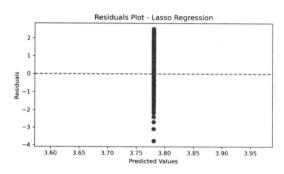 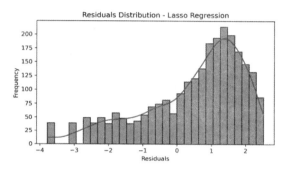

图 7-15　套索回归残差图与直方图

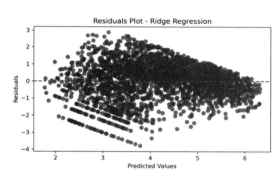 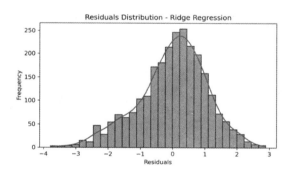

图 7-16　岭回归残差图与直方图

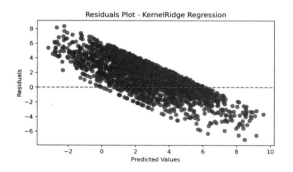 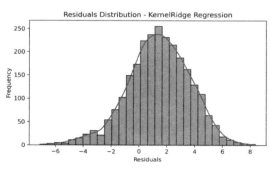

图 7-17　核岭回归残差图与直方图

163

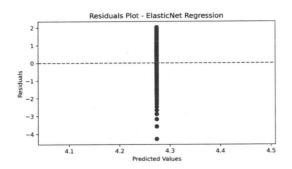
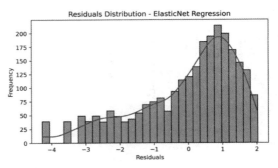

图 7-18　弹性网络残差图与直方图

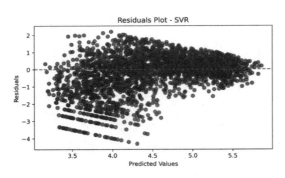
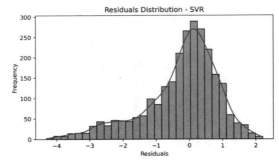

图 7-19　支持向量机残差图与直方图

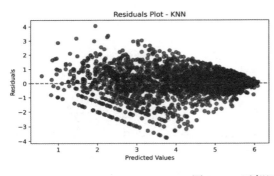
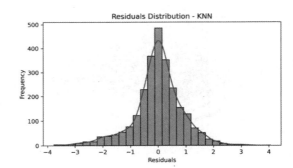

图 7-20　近邻回归残差图与直方图

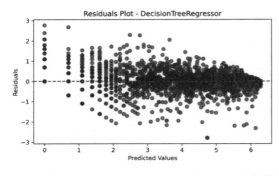
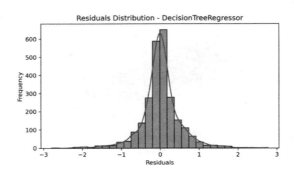

图 7-21　决策树回归残差图与直方图

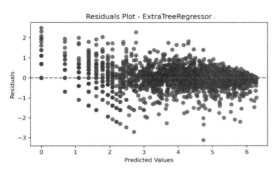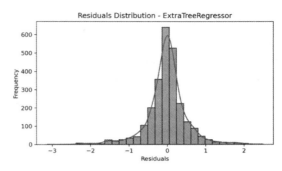

图 7-22 极端随机树残差图与直方图

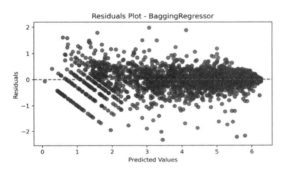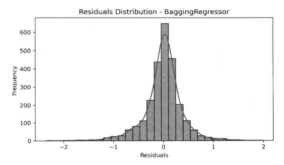

图 7-23 装袋法残差图与直方图

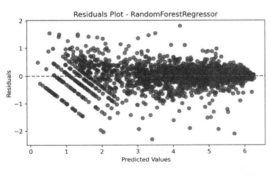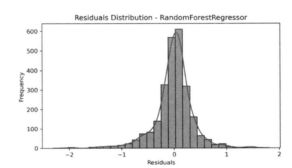

图 7-24 随机森林残差图与直方图

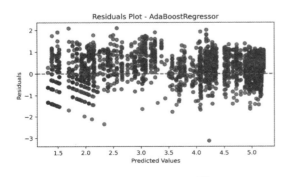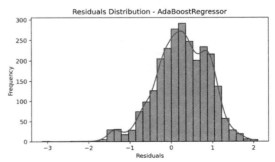

图 7-25 AdaBoost 残差图与直方图

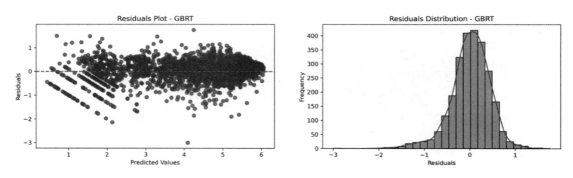

图 7-26　GBRT 残差图与直方图

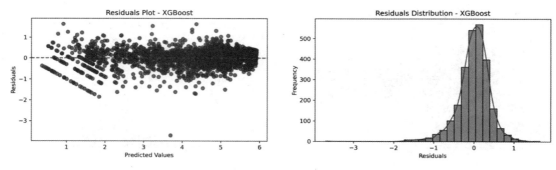

图 7-27　XGBoost 残差图与直方图

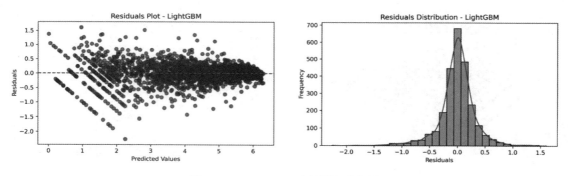

图 7-28　LightGBM 残差图与直方图

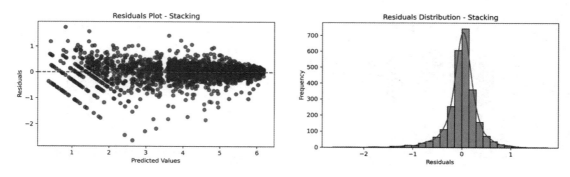

图 7-29　Stacking 残差图与直方图

通过对上述 17 个模型的残差图分析，可以看到所有模型的残差大都分布在 [-4,4]，由于每个模型的特性不同，预测值的结果分布存在一定差异。例如，核岭回归预测值呈带状分布，逻辑回归预测值呈条状分布，而套索回归和弹性网络的预测值几乎不变。

通过频率分布直方图可以清晰地看到，大部分预测值的残差都为 0，且大部分都呈正态分布，也有部分的模型存在一定的偏移，如套索回归和弹性网络。

根据残差分布和直方图可以看出，Stacking 模型和 LightGBM 模型的预测效果最好。

7.5.2 预测结果分析

对最好的两个模型 Stacking 和 LightGBM 进行加权，并保存最终预测结果（见图 7-30），对应代码如下：

```
stacking_pred = np.exp(stacking_model.predict(X_test))
lgb_pred = np.exp(lgb_model.predict(X_test))
ensemble = stacking_pred * 0.60 + lgb_pred * 0.40
ensemble_count = ensemble.round(0).astype('int')
```

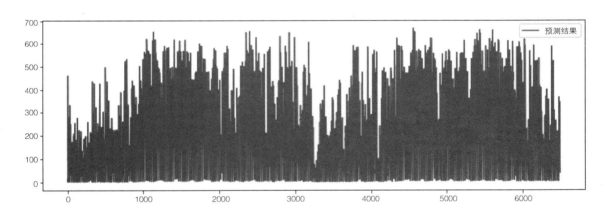

图 7-30　程序得出的预测结果

使用 mean_squared_error 函数来计算 Stacking 模型的方均根误差（RMSE），并使用 r2_score 函数来计算 Stacking 模型的 R^2 分数，对应代码如下：

```
# 计算 RMSE 和 R-squared
rmse_stacking = np.sqrt(mean_squared_error(np.exp(y_val), np.exp(y_pred_stacking)))
r2_stacking = r2_score(np.exp(y_val), np.exp(y_pred_stacking))
```

程序输出结果如下：

```
RMSLE For Stacking: 0.2899
RMSE for Stacking: 29.68842698456213
R-squared for Stacking: 0.94380276778768
```

结合图 7-31 所示可以看出，预测值大都分布在期望值附近，且方均根误差和 R^2 的结果都在合理范围内，说明本预测模型效果理想。

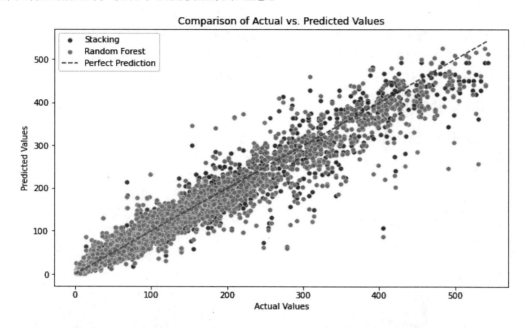

图 7-31　程序得出的预测值与真实值对比

参 考 文 献

[1] 石川，王啸，胡琳梅．数据科学导论[M]．北京：清华大学出版社，2021．

[2] 希拉格·沙阿．数据科学：基本概念、技术及应用[M]．罗春华，陆金晶，译．北京：机械工业出版社，2023．

[3] 维贾伊·库图，巴拉·德斯潘德．数据科学概念与实践：第2版[M]．黄智濒，白鹏，译．北京：机械工业出版社，2020．

[4] 北荣辅．R数据科学：从数据挖掘基础到深度学习[M]．马莉，译．北京：中国水利水电出版社，2021．

[5] 马晓磊，催志勇，顾明臣，等．交通数据科学理论与方法[M]．北京：人民交通出版社，2022．

[6] 刘志远，张文波．交通大数据理论与方法[M]．2版．杭州：浙江大学出版社，2022．

[7] 吉田拓真，尾原飒．Numpy数据处理详解——Python机器学习和数据科学中的高性能计算方法[M]．陈欢，译．北京：中国水利水电出版社，2021．

[8] 罗伯特·约翰逊．Python科学计算和数据科学应用：使用NumPy、SciPy和matplotlib：第2版[M]．黄强，译．北京：清华大学出版社，2020．

[9] 韦斯·麦金尼．利用Python进行数据分析：原书第3版[M]．陈松，译．北京：机械工业出版社，2023．

[10] 李庆辉．深入浅出Pandas：利用Python进行数据处理与分析[M]．北京：机械工业出版社，2021．

[11] 迈克尔·尼尔森．深入浅出神经网络与深度学习[M]．朱小虎，译．北京：人民邮电出版社，2020．

[12] 伊恩·古德菲洛，约书亚·本吉奥，亚伦·库维尔．深度学习[M]．赵申剑，黎彧君，符天凡，等译．北京：人民邮电出版社，2017．

[13] 查尔斯·福克斯．交通数据科学：编程实践指南[M]．马晓磊，张钊，译．北京：机械工业出版社，2022．

[14] 张金雷，杨立兴，高自友．深度学习与交通大数据实战[M]．北京：清华大学出版社，2022．

[15] 余庆，李玮峰．交通时空大数据分析、挖掘与可视化：Python版[M]．北京：清华大学出版社，2022．